北京市自然科学基金资助项目（9154025）
国家社会科学基金资助项目（17BJY234）

房地产投资信托基金入门

理查德·因佩里亚莱（Richard Imperiale）　　著
施慧洪　译

中国金融出版社

责任编辑：孔德蕴
责任校对：潘　洁
责任印制：丁淮宾

图书在版编目（CIP）数据

房地产投资信托基金入门（Fangdichan Touzi Xintuo Jijin Rumen）／
［美］理查德·因佩里亚莱（Richard Imperiale）著；施慧洪译．—北京：中国金融出版社，2018.1
ISBN 978－7－5049－9309－0

Ⅰ.①房…　Ⅱ.①理…②施…　Ⅲ.①房地产投资—信托投资—投资基金　Ⅳ.①F293.338②F830.59

中国版本图书馆 CIP 数据核字（2017）第 275030 号

出版
发行　　**中国金融出版社**

社址　　北京市丰台区益泽路 2 号
市场开发部　（010）63266347，63805472，63439533（传真）
网 上 书 店　http://www.chinafph.com
　　　　　　（010）63286832，63365686（传真）
读者服务部　（010）66070833，62568380
邮编　　100071
经销　　新华书店
印刷　　北京市松源印刷有限公司
尺寸　　167 毫米×235 毫米
印张　　12.5
字数　　200 千
版次　　2018 年 1 月第 1 版
印次　　2018 年 1 月第 1 次印刷
定价　　66.00 元
ISBN 978－7－5049－9309－0
如出现印装错误本社负责调换　　联系电话(010)63263947

前　言
拥有庞大房地产投资组合的简单方法

你如何在房地产市场上大赚一笔？答：从一大笔钱开始！不幸的是，这是许多小房地产投资者的经验。房地产是一个讲究实力和规模的行业，如果没有大量的资金和知识储备，行业风险就会变得很大。事实上，即使你拥有资本和知识储备，这也是一个高风险的行业。那么，一个投资者如何才能够在不拥有巨额财富的情况下，参与房地产投资组合呢？答案是，房地产投资信托基金，通过它的缩写 REIT（发音与 reets 一样）而被人们所熟知。这本书提供了对房地产投资信托基金的解释和分析，以帮助一般投资者开始在房地产投资信托基金投资。

房地产是美国最大和最普遍的行业之一，我们每天都接触房地产业。我们居住的房子和公寓，我们工作的办公室和工厂，我们购物的商店，孩子出生的医院，甚至是人们将度过余生的养老院。这些都是房地产投资对象的一部分。

这个庞大的房地产投资对象有很多形式。像养老金计划和保险公司这样的大型机构投资者就拥有大量的房地产投资组合。私人也拥有或大或小的房地产投资组合。大约三分之二的美国家庭拥有自己的房子，事实上，在很多方面，这就是房地产投资。

近年来，房地产投资的名声不好。在 20 世纪 70 年代，房地产处于通货膨胀和税收激励的时期，许多自然人和机构在各种税收激励的房地产投资中，投资并赔钱。房地产开发商和促销商，往往被认为是小贩和骗子。不幸的是，许多房地产开发商和促销商确实是小贩和骗子。开发商名声也不好，投资者认为这些房地产牛仔为了赚钱，可以建造任何东西。这也是真的！

20 世纪 70 年代，房地产促销商和开发商类似于 1999 年前美国网络泡沫中的网络公司（dot－com）管理层。随着投资者将越来越多的资本投入

1

到该行业中时，房地产促销商和开发商变得富有起来。1986 年的《税收改革法案》通过终止助长房地产业资本形成的税收激励措施，改变了房地产的前景。由税收激励导致的房地产泡沫，以美国房地产市场上出现的最大的房地产过剩而结束。房地产过剩在很大程度上由储蓄和贷款机构提供资金。房地产泡沫的崩溃超脱触发储贷危机，因为房地产所有者通过高杠杆持有房地产，所以房地产贷款违约了。由于这些房产很少或根本没有投资人自己的资金，所以房地产价值和租金下降时，他们几乎没有动力不把钥匙还给抵押持有者，即储蓄贷款机构。处置信托公司（Resolution Trust Company）在 20 世纪 80 年代后期一直在努力地解决"储贷危机"。到 20 世纪 90 年代初，70 年代的房地产过剩现象已经得到解决，但房地产投资在小投资者中名声一直不佳。1986 年的《税收改革法案》为更加具有财务理性的房地产市场奠定了基础。传奇的价值投资者如山姆·泽尔（Sam Zell）和其他许多人都看到了房地产资产中的理性，并在市场发展的早期进行了投资。后来，这个阶段被证明是现代史上最稳定和明确的房地产复苏时期之一。房地产投资者变得更加自律，并且要求反映房地产资产投资风险水平的投资回报。抵押贷款的贷款方也更保守，他们不会向那些自己认为不太可行的项目提供资金。这给商业抵押贷款领域带来了资本市场纪律。最终结果是，房地产的扩张时间更长，扩张更稳定，房地产周期也不那么严重。从房地产业重塑的熔炉中，出现了一种新的房地产范式，这是由纪律严明的业主、理性的放贷人和较高的资本回报率共同孕育的。新的自律的业主阶层中，有房地产投资信托基金。它们在美国集体拥有超过 10% 的投资级房地产。房地产投资信托基金为小投资者提供了可以广泛参与房地产投资的机会，可以跨越大多数房地产行业和大多数地理位置。纪律严明的房地产专业人士，他们的财务利益与管理着房地产投资信托基金的股东基本一致。

　　房地产投资信托基金和房地产投资经历了一段曲折的历史。一般来说，房地产投资信托基金在历史上是房地产投资领域中小规模和被误解的部分。然而，在过去的十年中，这种情形改变了。目前，房地产投资信托基金是投资优质房地产的主要投资主体，也是机构投资领域的一支重要力量。对于正在寻求扩大和多样化投资组合的投资者来说，房地产投资信托基金是一种可行的、有竞争力的投资选择。它们提供有竞争力的且独立于股票和债券的回报。这一事实使得房地产投资信托基金，在成为与股票和债券并行的投资组合的一部分时，增加了多样化的要素。

这本书描述了这些特点，并试图把它们纳入一个框架。该框架审视房地产投资信托基金的关键投资方面，以及推动房地产投资信托基金投资决策中房地产原则的理论化。作为房地产投资信托基金的专业投资者，我注意到，普通投资者在很大程度上误解了房地产投资信托基金。许多专业投资者和投资组合经理也有房地产投资信托基金的些许知识。此外，极少数有REITs主题方面的书。这些可获得的书，或者提供一个非常简单的概述，或者处理高度复杂的学术主题。大多数没有阐述房地产概念，这是房地产投资的基础，也没有提供将房地产投资基金纳入投资组合的方法。这本书正是试图解决这些问题。

第一部分，我们简要讨论了作为一种资产类别的房地产。然后，我们探究了房地产投资信托基金（REITs）的法律和金融历史。本节最后，讨论了房地产投资信托基金如何表现为一个投资类别，以及如何最好地整合到投资者的投资组合中去。第二部分，介绍了影响房地产整体的基本经济问题，并从房地产投资信托工具的角度分析了这些问题。本节得出作为一种投资的房地产投资信托基金的具体分析方法，以及涉及房地产投资信托基金的高级投资主题。第三部分，使用前两部分开发的理论结构，检查房地产投资信托领域内的每一种主要财产类别。几乎在每一章中，你会发现描述关键术语和"房地产投资信托基金思想"概念的栏目。所考虑到的所有情况，我相信这本书填补了现有的有关房地产投资信托基金的文献空白，促进了对新兴资产类别的更好理解。我希望广大读者也有同样的感受。

理查·因佩里亚莱
2006 年 5 月写于尤宁格罗夫，威斯康星州

译者前言

之所以有这部译著，是因为我国对房地产的调控进入了一个新的阶段。在这个阶段，我们可以借鉴国外经验，如美国 REIT 发展的经验，从而更好地发展国内经济，走出中等收入的陷阱。

一、我国房地产行业发展进入了一个新的阶段

因为房价高到了影响我国经济竞争力的程度，影响我国创新战略的实施，所以国家不得不出手采取一系列史无前例的政策来抑制房价。这种对房价的调控能力，只有中国政府有。我们知道日本 20 世纪 80 年代末、美国 20 世纪 80 年代与 21 世纪初，等等，都难以逃脱房地产泡沫破灭的命运。唯独中国政府因为国情特殊，成功地在短期内抑制了房价，从而没有触发房价随泡沫崩溃而至的银行危机，乃至金融危机与经济危机，为改革和创新创造了重要的平稳的经济环境。

在这个新阶段，国家要打击房地产投机，还原"住房是用来住"的房地产本质。

我国的房地产发展是以价格不断上涨作为前提的。（1）政府需要卖地获得财政资源，也需要房地产交易税。（2）房地产商需要房价上涨刺激销售，获取利润。（3）房地产投资者需要价格上涨来出售获利。

但是，这些行为绑架了我国经济的长远发展。因为：（1）消费结构被扭曲，消费能力被固化在房地产投资上，没有能力进行其他消费。（2）产业结构被扭曲，挤占了产业发展资金，并滋生投机、政府腐败，影响社会风气。房地产发展与政府腐败似乎有着天然的联系。（3）绑架了银行，这是引爆银行危机的定时炸弹。（4）不利于社会稳定，不利于青年人的成长。

二、REITs 能够促进房地产的稳健发展，可以作为新的市场元素植入我国现有经济体系

1. 权益型 REIT 以及稳定的租金形式可以支撑新型大企业发展

美国沃尔玛、万豪酒店的发展都离不开 REITs 的支持。这种房地产租赁市场有利于经济的发展。毕竟，因为交易成本太高，小商小店的房地产租赁无法扶持大企业的成长。

2. REITs 以专业基金运作的方式，给投资者提供了较稳健的投资形式

REITs 可以持有、开发、买卖多种类型的房地产，地域可以分散，投资者也可以分散，从而减小投资者投资的风险。REIT 可以上市交易，也可以发行债券，这就向市场提供了一种新型的金融投资工具。

REIT 有免税抵税的能力，但它必须把回报的 90% 发给投资者，所以很多 REITs 的杠杆非常高。在美国，不少 REITs 的年收益率在 40% 以上，值得投资。当然，REITs 的回报率受利率的影响明显。

3. 随着租房比率的不断上升，REITs 的发展顺理成章

中央对于当前房地产价格调控，以及租房与售房的关系判断是从全局与长远利益角度出发的，但要落实这些认识就需要政策工具。当前，中央认为可以由国企来负责廉租房等房屋的建设。其实，依托市场的力量，进行新的制度建设，也许从效率上讲是更优的。

REITs 与资本市场相结合，能够吸引更多资金，并能提供市场化的租售等房地产服务。由于 REITs 连接到众多租房户等消费者，便于被保险公司等大型机构投资。同时，我们也需要这样的机构组织作为房地产调控的政策抓手。

三、该书提供了专业房地产投资知识

该书涉及居住型、产业型、办公型、制造型住家、酒店型、自储存型等房地产领域，对我国的房地产后续开发具有借鉴意义。

我国虽然整体上还是发展中国家，但是，一线城市面貌已经达到甚至超过发达国家的水平。然而，我国房地产市场细分市场的发育还不够，随着大规模居住型房地产建设作为支柱产业的时代成为过去，房地产的深入发展就必然需要借鉴现有的国外经验。

总之，翻译本书的初衷就是顺应时代的呼声，从专业建设的角度为我国的经济建设贡献智力。

本书是由北京市自然科学基金资助项目（9154025）和国家社会科学基金资助项目（17BJY234）共同资助完成。本书的适用对象为房地产从业者、金融从业者、信托从业者、相关监管者和在校学生。

目　　录

第一部分

房地产投资信托基金（REITs）入门

第一章　作为资产类的房地产

房地产投资比所有工业投资都要多。（安德鲁·卡内基，1902）

如果要了解房地产投资信托基金（REITs），那么投资者需要对房地产资产类别有基本的了解。房地产投资的繁荣有助于使非机构投资者更广泛地接触到房地产投资机会。因此，房地产仍是投资界保守最好的秘密之一。在20世纪，主要投资机构已经正式地将房地产作为其投资组合的一部分。在机构投资者中，优质的房地产可以提供良好的投资回报，较高的当期收入并成为对冲通货膨胀的重要工具，这并不是秘密。

房地产投资信托（REIT）

一个致力于拥有、管理和经营不动产的税务管理公司，如公寓、购物中心、办公室和仓库。被称为按揭房地产投资信托的一些房地产投资信托基金也从事房地产融资。

房地产作为投资对象的特点

在美国，机构房地产投资者拥有11.0万亿美元的商业房地产投资。相比之下，所有美国股票的总资本额估计为12.9万亿美元，所有非政府美国国债的名义价值估计为36.4万亿美元。美国国内房地产作为资产类别排在第三位，落后于股票和债券，占三大资产类别总额的18%（见图1-1）。

房地产投资信托基金（REITs）简史

房地产投资信托基金（REITs）实际上可以追溯到18世纪80年代的信托和盗贼大亨。投资者可以避税，因为收入如果是分配给信托受益人的话，信托就不在企业层面征税。随着时间的推移，这个税收优势被彻底改

61%

REITs
股票
债券

21%

18%

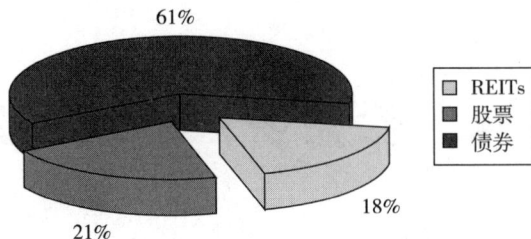

图 1-1 商业房地产与股票、债券

变了。1960 年，艾森豪威尔总统签署了《1960 房地产投资信托（REIT）法案》，将针对合格的房地产投资信托基金（REITs）的特殊税收考虑重新界定为传递实体。这使得房地产投资信托基金（REITs）可以在公司层面对向股东分配的收入避税。该法是当前房地产信托基金（REITs）的基础。

虽然 1986 年《税收改革法案》在很大程度上消除了房地产投资信托（REIT）的避税功能，房地产投资信托（REIT）投资在整个 20 世纪 80 年代一直在增加。1986 年的《税收改革法》允许房地产投资信托基金（REITs）直接管理它们的财产（译者注：以前是间接管理，有诸多不便）；1993 年，养老基金投资房地产投资信托（REIT）的壁垒也被消除。这些改革使得房地产投资信托基金（REITs）进行优质房地产投资的机会增加了。目前，在美国有 200 多家公开上市的房地产投资信托基金（REITs）。而且，房地产投资信托（REIT）的结构正在被全世界很多国家采用。

《1960 房地产投资信托法案（REIT）》是一部授权房地产投资信托基金（REITs）的联邦法律。它的目的是允许小额投资者将他们的房地产投资形成资金池，以便获得类似直接所有的那些好处。除此之外，这样做的好处还包括：分散投资风险，以及资金可以获得专业性的管理。

房地产资产类别的积极属性

每个机构在房地产方面通常都有自己特定的投资政策。通常情况下，机构会试图将其拥有的资产的寿命与预测负债的寿命相匹配。退休基金、保险公司和商业银行是房地产业的主要私营投资者。他们都需要预测未来某个时候必须满足的负债。

　　在匹配未来负债时，与房地产相对一致，且相对可预测的现金流量，能够使机构投资者获得高度的信心。现金流以支付给业主租金的形式出现。拥有这些建筑物的机构投资者往往拥有信用租户①（对于这个概念，第十五章会有更多介绍）。

　　一贯和可预测的现金流只是房地产类资产有吸引力的特征之一。在通货膨胀的环境下，投资房地产的业绩表现也往往优于金融资产。在回顾房地产业绩的历史时，一些研究发现，通货膨胀期间房地产业的回报较高，而在通货紧缩期间回报则下降。因此，大部分金融资产组合通过房地产所有权，可以在一定程度上对冲掉通货膨胀的侵蚀效果。应税投资者也可以从房地产类资产获得额外的税收优惠。出于税务会计目的，土地以外的房地产价值可以按照一般大于物业实际经济寿命的折旧率进行折旧。在多数情况下，在好位置维护良好的地产的价值，随着时间的推移，实际上会以与通货膨胀率相近的速率而增值。这种加速的税收折旧导致了与延期税收类似的现金流保护效果，这通常被视作更有利的符合避税目的的长期资本收益。因此，房地产可以以现金流的形式创造当前收益，这部分现金流是因推迟到未来的纳税而存在的。对于免税投资者（如养老基金）来说，房地产的独特税收优惠特性很有吸引力。结构化的合伙和经营协议允许应税利益流向可以使用应税利益的人；同时也允许向免税投资者分配更高水平的现金流。这种方法使免税投资者从房地产的税收优惠中受益。在某些情况下，某些房地产项目的税收优惠可以由免税投资者出售给应税投资者，这样可以增加总收益。

　　这里还有一些大型机构投资者被吸引到房地产业的其他原因。机构经常引用的一个因素是，房地产回报与股票和债券的回报方式截然不同。一个投资回报对另一个投资回报的作用称为相关性。这种资产回报的低相关性，给投资组合提供了多样化的好处。一般来说，将房地产增加股票和债券这样的投资组合可以提高回报，并降低风险。有大量的学术和专业工作表明，投资 5% 至 15% 的资产组合的资金到房地产，可以增加总回报并降低投资组合风险。这与最大的 200 个退休计划平均的房地产总投资占 17% 的事实是一致的。

---

　　① 信用租户（credit tenants）：那些全国性的、公开上市的零售型商户往往是信用租户。信用租户是这样的租户，有规模，财务力量较强，三大评级机构之一，穆迪、标准普尔、惠誉，评级为投资级别。投资级的评级增加了公司在困难的经济时期拥有继续支付租金的财务能力的概率。

商业地产

商业房地产是不包括单户和多达四户的住宅、原始土地、农场、牧场和政府所有的财产。大约商业地产总规模的一半，具有使机构投资者感兴趣的足够好的质量和足够大的规模，这些是被称作投资级别的房地产。

房地产回报的属性

解释特定投资的回报来自哪里的一个概念是回报的属性。房地产的回报属性可以通过一些特征来解释。其中一些特征是房地产独有的，另外一些是其他投资类型如股票和债券等共有的。如前所述，在好位置维护良好的地产的价值，实际上会随着时间的增加而增值。房地产资本增值与股权类资产长期回报的价值增长相似。投资者购买股票，因为他们期望，股价会随着时间的推移而上涨。购买房地产的投资者也是如此。但是，与股票不同，大多数房地产也具有一些债券特征。与房地产支付租金的一致和可预测的现金流是大多数机构投资者关注的焦点。归属某一特定财产或投资组合的稳定的租金收入非常像债券的息票。这些类似债券利息支付的条款，通常在房地产所有者与用户或租户之间的租赁协议中详细说明。在租赁协议中规定的这些期限和条件，其质量和完整性使给定财产的现金流分析变得可靠。租赁协议所规定的租赁期限，也与债券投资的"久期"类似。在债券中，久期是债券到期之前剩余期限的函数。房地产中租金收入的久期是租赁的时间长度或租金流剩余期间的函数。酒店和汽车旅馆的租金可以每天更改，其久期最短；其次是公寓租金，一般设定为一年或两年（见表1－1）；办公楼、零售业和工业产业往往具有更长的租赁期，可延长10年至30年或更长的期限。

表1－1　　　　　　　　不同商业地产类型的平均租赁期

酒店	1～3 天
自助仓储	6 个月
公寓	1 年
办公楼	5～15 年
工业产业	5～20 年
零售业	10～30 年

房地产也有信用评分，很像债券的信用评级。其信用评分是由支付租金及占用房地产的租户的信用质素决定。例如，一个50000平方英尺的办公大楼，长期租赁给IBM，比同一空间租给鲍伯极好电脑公司（Bob's Pretty Good Computer Company），一个经营历史不到五年的新企业，将有更高的信用评分。相似地，IBM债券将比给鲍伯极好电脑公司的贷款获得更高的信用评级。鲍伯极好电脑公司风险相对较高。

房地产类资产的回报属性也很独特。给定房地产的物理属性会对地产价值产生影响。例如，两座郊区办公楼，在相似的位置，同样大小和房龄，一座是砖和石头砌成的，另一座使用简单的木结构，由于砖石办公楼的重置成本较高，因此可能会比木框架办公楼的价值更高。因此，建筑物的物理质量可以对其价值产生独特的影响。

位置也是影响房地产价值的一个独特属性。因为任何给定的房地产只能占据一个地方，每一块房地产在本质上都是独一无二的。在一个非常理想的位置的房地产可能比不理想位置的相同房地产有更大的价值。这个位置因素如此重要，在某些情况下，它是房地产资产包整体价值的决定因素。这就是为什么像美国沃尔格林公司（Walgreen）这样的公司会关闭一个位于交叉口西南角的商店，并在同一个十字路口的东北角重新开店。位置！位置！位置！永远要记住位置在房地产中有多重要。

也有房地产经济学中所谓的外部性的情形。当一个活动或事件影响（好或坏）另一个外部活动或事件时，则会发生外部性。如果唐纳德·特朗普（Donald Trump）在一个边缘社区的中央建造一座闪亮的新摩天大楼，这将对许多毗邻物业的业主产生积极的外部性。这些业主，尽管他们并没有直接地进行什么价值增值的活动，他们持有物业的价值却一夜之间上涨。相反，如果在城市里公寓楼旁边的房子被转换为无家可归的住所，可能产生降低公寓楼价值的负外部性。

由于外部性问题对房地产价值至关重要，所以房地产市场存在较高的区位和权益①。分区在城市规划时通常考虑如何才能最高和最好地使用土地。这要考虑其他毗邻的房地产、该地区的经济活动、区域规模以及新建筑物的预期设计和使用，以便确定本区的经济和物理上可行的用途。区位与权益还延伸到审查房地产的监管层面。许多地方都有低增长或不增长的

---

① 区位，zoning，城市规划有工业区、商业区、办公区等分区。权益，entitlement。

政策，因此难以开发新的房地产。还有一些地方的主规划严格限制给定区位规划的建筑物的大小、风格、设计和使用。

在一些社区，根本就没有更多的空闲空间。这被称为城市填充（Urban Infill）或再开发。这些地区拥有拆除和重建现有场所，或者扩大并改善现有财产的权益。许多社区居民不断增长的"不在我后院"的政治情绪，往往会对房地产价值造成重大正面或负面的外部效应。物理属性、位置、当地外部性、区位和权益，这些都是房地产类资产的特殊性。这些特征有助于解释房地产回报与股票或债券的回报相关性为什么较低。房地产价值是由当地房地产市场供需驱动的。在房地产供应超过需求的市场中，最好的建筑物可能是空的。由于其永久的物理性质，房地产不能转移到需求大于供应的市场。简而言之，房地产是由当地和区域市场的所有宏观经济和微观经济因素共同驱动的本地资产。

但这并不是说，房地产不受更多的国家经济因素的影响。房地产业总需求受到国民经济总增长的驱动。人口统计因素、就业创造和一般商业周期都对房地产的最终需求产生影响。然而，这种需求本身以非常本地化的方式表现出来。例如，20 世纪 90 年代后期，旧金山和圣荷西的因特网狂热对这些城市的房地产需求产生了巨大的影响，并将房价推向不可持续的水平。在同一时期，由于当地物业供应过剩，佐治亚州亚特兰大的房地产价格仍然相对较低。过剩的供求必须被吸收，否则价格不会上涨。

房地产似乎有不少积极的投资特征；它具有股票和债券类型的属性，以及增强多元化投资组合绩效的特征；它在通货膨胀的环境中表现良好，在利率上升和下降的环境中取得了良好的成果；应税投资者在投资房地产时也享有一定的税收优惠。这些有益特征使得房地产成为机构投资者最喜欢的资产。

房地产投资信托（REIT）的理念：凯洛等人诉新伦敦市

这个房地产供需双方的斗争在最近的凯洛等人诉新伦敦市的最高法院的案例得到充分展现。诉讼法始于 2005 年 2 月 22 日，判决于 2005 年 6 月 23 日。

在批准旨在振兴经济衰退的综合发展计划之后，康涅狄格州新伦敦市购买了大部分专用于该项目的物业。但是，当凯洛和其他业主拒绝出售时，征地程序继续进行。城市宣称拟将其财产作为"公共使用"。

以前的法庭裁决清楚地表明，城市不能简单地把私人利益授予特定的私人团体。然而，这里所讨论的财产用于经过认真考虑的发展计划，该计划不是用于使特定的可识别的个人受益。

该市决定，该地区经济困难，经济复兴计划有权进行。该市精心制定了一项发展计划，将为社会带来明显的收益，包括新工作和增加税收。最高法院同意这个城市的计划，同意其征收私人土地。

房地产资产类别的负面属性

虽然房地产有很多积极的投资属性，但直接投资于房地产业也存在一些负面属性。缺乏流动性是拥有房地产投资组合的最负面的因素。买卖房地产的过程是漫长而复杂的。根据市场情况和经济环境，投资级房产需要花费六个月到一年的时间进行出售。物业的可售性往往取决于销售的条款和条件。这些条款通常需要进行多次的潜在买家和卖方之间的漫长的谈判。由于房地产通常需要债务融资，所以可获得的融资类型和金额通常会影响这些谈判。与其他金融资产（如股票或债券）相比，流动性不足内在地增加了房地产类资产的潜在风险。

IBM普通股的一名投资者从数百万只的普通股中购买了一股，每天都可以自由交易。底特律办公楼的买家面临着与丹佛的一个类似的办公大楼的买家完全不同的事实和环境。然而，底特律和丹佛的办公楼却有相似之处，那就是每隔几年换一次手。导致难以确定相应的市场价格来比较类似的房地产。伴随着本地房地产市场的特性，流动性不足，造成房地产为不太有效的一类资产。这部分是由于位于每个市场的特殊性造成的。本地的经济因素可能导致一个地方的房地产价值上涨，而其他地区的房地产价格则下降。同样的因素可能导致工业楼宇价格上涨，而同一市场的办公楼却价格下跌。房地产的独特性导致这些低效率。在测量房地产投资的绩效时，缺乏流动性和不太有效的本地房地产市场，会带来诸多问题。当测算超过5年甚至10年的房地产持有期的绩效时，是最精确的。然而，由于缺乏市场信息，测量财产或投资组合的年度或季度收益可能是困难的。有时评估更短时间的价格，并不如实际交易中的数据那么准确。而且，仍然没有回答这个问题：房地产投资组合相对于其他类似投资组合的投资回报的表现问题。直接房地产投资的这些不太有效的方面体现在更高级的房地产市场知识带来的更高的潜在回报。市场的低效率为那些培养本地市场知识的投资者创造了效益，获得了相对于不太了解本地房地产市场的所有者的优势。这种从政治和商业关系中收集到的信息使用在房地产交易中并不是非法的，与这样的信息在证券交易中也不是非法的一样。在这个基础上，一些观察家认为，房地产对于小投资者来说，不是公平的竞争场所。这种看法在最近的小投资者和房地产业的发展历史中，有一定的道理。

20世纪70年代末至80年代初期，一系列事件影响了房地产类资产在小型投资者眼中的信誉。联邦税法对投资房地产所有权产生了积极的激励作用。这个时期的通货膨胀环境导致房地产价格不断上涨。反过来，这又导致了小额投资者的过量资本涌入房地产市场。其形式是为了投资于房地产而设立的大量私营有限合伙企业。联邦储蓄和贷款机构是这些合伙企业的贷款人，而且，当时的环境没有鼓励不借钱给这些合伙企业。当时监管很少，杠杆和流动性很大。这导致了投机性的房地产泡沫，使20世纪80年代中期的美国房地产市场崩溃，并殃及整个美国储蓄和贷款系统，其差不多也崩溃了。

经济消耗了近十年时间，才吸收了这些供应过剩的房地产，整整一代小额投资者遭受了痛苦的经济损失，并对房地产投资的前景产生负的看法。许多小额投资者将房地产视为机构的舞台。鉴于在物业类型和地理位置来分散化的房地产投资组合，其购买需要大量资本，所以，很容易理解小额投资者由此产生的持续的负面情绪。有限合伙的后果与储贷危机的后果导致房地产市场孕育了新的秩序。税法变化导致房地产市场的资本形成更加适度。通过监管要求更高的股权和更严的贷款承保标准，监管加强了，贷款人审慎了，相应的贷款组合已经降低了房地产行业的过分杠杆倾向。这使房地产经济更加平衡、健康。华尔街也为房地产行业作出了贡献。通过诸如商业抵押担保证券（CMBS）这样的工具，房地产资产证券化和房地产信托的增长促生公共市场纪律，从而使房地产市场的透明度更高，房地产周期更温和。

房地产投资信托作为资产的增长为小额投资者提供了参与供机构投资的房地产质量级别的房地产所有权的机会。房地产投资信托整体上已经为整个房地产投资者面临的流动性不足，缺乏效率和缺乏相关绩效衡量等问题创造了一个解决方案。此外，它们为小额投资者提供了一种有效的机制，参与多元化的房地产投资组合。这些组合中的物业类型和地理位置充分多元化。REITs 作为投资资产的优势和好处，以及如何将其融入投资组合策略当中，是本书的重点。

记忆要点

* 房地产一直是 20 世纪大型机构投资组合的重要组成部分。
* 位置良好，高品质的房地产提供了良好的投资回报，较高的本期收入，并显著对冲通货膨胀。
* 房地产与股票和债券的行为截然不同。其价值受当地房地产市场的供需驱动。
* 房地产在利率上涨和下跌的环境中均表现良好。
* 房地产类资产的长期投资回报与股票的长期投资回报相当。
* 因为房地产是一种硬资产，它提供了通货膨胀保值功能，但它又不像大多数硬资产，提供了当前收入。
* 1960 年，美国国会创造了一种工具，使得投资者群体能够集体拥有类似于机构投资的房地产投资组合。这种机制被称为房地产投资信托（REIT）。

第二章　房地产投资信托基金（REITs）的历史

有两个领域，新的想法是非常危险的：经济学和性。（费利克斯·罗哈廷，1984）

1960 年房地产信托投资基金（REITs）的理念是一个新的大胆的进步。这个想法是允许小额投资者群体将资金集中起来，投资于规模较大的不断创造收益的商业房地产。商业地产在历史上是富有的投资者和大型机构的投资领域。房地产投资信托基金（REITs）的立法是效仿注册投资公司（RIC）的结果，RIC 通常称为共同基金。授权立法背后的想法很简单：让股东创建一个共同拥有的，自由交易的建筑物资产组合，就像通过共同基金创建一个共同拥有的股票组合一样（译者注：美国的房地产信托投资基金是公司制）。

房地产投资信托（REIT）的结构

房地产投资信托开始作为一个简单的商业信托或公司。如果满足了基于年基础上的一系列要求，商业信托或公司可以选择成为房地产投资信托（REIT），以便规避联邦所得税。一般要求分为以下四个方面：

1. 组织结构。房地产投资信托（REIT）的组织必须为商业信托或公司。更具体地说，它必须由一个或多个对组织管理具有诚信义务（Fiduciary Duty）的受托人来管理。组织必须拥有受益股份的证据，可以通过证书的形式进行转移。受益所有权人至少有 100 人，五个最大的股东总持股余额不得超过 50%。

2. 资产性质。公司资产主要为长期投资目的的房地产。法规要求，在每个应税年度结束时，房地产投资信托（REIT）的总资产至少 75% 的价值必须由房地产资产、现金和政府证券组成。此外，房地产投资信托

（REIT）可能拥有不超过资产价值25%的非政府证券。任何单一发行人证券不得超过房地产投资信托资产总值的5%，也不得超过该发行人证券的10%，但应纳税的房地产信托（REIT）的子公司除外。

3. 收入来源。至少75%的公司收入来自房地产或相关投资。房地产投资信托必须实际满足两项收入测试。首先，房地产投资信托（REIT）至少每年总收入的75%必须包括房地产租赁，抵押贷款利息，出售房地产资产的收益以及其他相关来源。其次，房地产投资信托（REIT）至少每年总收入的95%必须来自前75%以及其他被动收入来源（如股利和任何类型的利息）。

4. 收入分配。净收入的90%必须分配给股东。该收入是依据《美国国内税收法典》的净应纳税收入来确定的。如果所需条件得到了满足，房地产投资信托（REIT）可以扣除向其股东支付的所有股息，避免公司层面的被分配给股东的联邦税。

与其他公司的情形不同，其他公司往往保留其大部分收益并在公司层面缴纳税款，房地产投资信托（REIT）的所得税负担大幅转移到股东层面。房地产投资信托仅对其未分配的净收入的10%支付联邦所得税。与合伙企业不同，房地产投资信托基金（REITs）不能将亏损转嫁给投资者。不管对房地产投资信托（REIT）资产结构的立法意图是什么，该行业经历了曲折多变的第一个25年的历史。早期，房地产投资信托基金（REITs）受到政策约束的严重限制。房地产投资信托基金（REITs）被要求成为房地产的被动组合，只允许拥有房地产，而不能经营或管理房地产。这一早期需求决定了房地产投资信托基金（REITs）需要使用第三方独立合约方来操作和管理其所投资的财产。这种安排往往伴随着内在的利益冲突，市场也不容易接受这种被动的范式。如第一章所述，在早期，房地产投资大体是由以避税为目的的投资所推动的。房地产价格高估，债务水平也高，正好便于折旧和利息支出予以减税。这些利息和折旧在计算净利润前的扣除，通过创造所谓的账面损失，用于减少或消除个人应税收入。在边际税率高的时代，使用这些房地产规避税收的想法成为一个行业。基于构建和产生账面损失的能力，投资性房地产被分析、开发、打包和销售，以用于减少普通应纳税所得金额。这种环境下，房地产投资的任何经济理性都消失了。

因为房地产投资信托基金（REITs）通常专门针对定期产生的应税收

入来设计的，而与合伙企业不同，房地产投资信托（REIT）不允许将损失分摊给投资者，所以房地产投资信托基金（REITs）行业除了避税，根本无法与其他机构有效竞争资本的投入。从房地产投资中获得正常收入的想法通常被认为是不利的，除非有其他损失可以抵消该收入，因为大多数个人投资者都受到高边际税率的影响。

房地产投资信托行业（REIT）受到早年税收环境的消极影响，而遭受了一些破坏。由于无法将损失让股东分担，许多房地产投资信托基金（REITs）在房地产税收驱动的时期专注于制定各种抵押贷款。大量的抵押型房地产投资信托基金（REITs）向建筑商和开发商贷款，而建筑商和开发商又开发了旨在用来避税的物业。当20世纪70年代中期利率上升到两位数时，许多抵押型房地产投资信托（REIT）无法获得资金，只能倒闭，进而让该行业留下了不良声誉。破产的机构包括与大型知名（并据称保守的）金融机构有关的许多房地产投资信托基金（REITs）。

房地产税收驱动的环境导致了创建有限寿命的房地产投资信托基金（finite－life Real Estate Investment Trusts，FREITs）。背后的想法是创造某种类型的房地产投资信托（REIT），将在未来某个特定的时间清算其房地产投资组合（将是一大笔收益）。然后，FREITs将使用非常高的杠杆来购买物业。高利息支出将大大降低房地产投资信托（REIT）当期可供分配的收入。然后，该投资组合将被清算，资本利得将被分配给股东。大多数FREITs清偿其房地产都无法产生任何有意义的收益。事实上，大部分股东的全部股权都损失掉了。房地产投资信托（REIT）历史上最臭名昭著的一面也许是把房地产投资信托基金（REITs）份额配对（Paired－Share and Stapled REITs）的故事，这也是在避税房地产建设时代诞生的（有关更详细的讨论，请参阅第十章）。

1986年《税收改革法案》

随着1986年《税收改革法案》的颁布，国会改变了房地产投资的整体的运行规律。通过限制利息扣除、延长折旧期限，限制使用被动损失，法案大大降低了房地产投资的避税潜力。在立法层面上的这一政策变化，意味着房地产投资的运行需要建立在更加经济和收入导向的基础上。更重要的是，作为1986年法案的一部分，国会还修改了起初就对房地产投资信托基金（REITs）施加的重大政策限制。新立法修改了"被动管理"的原房地产投资信托基金（REITs）规则。这种变化使得房地产投资信托（RE-IT）不仅仅是简单地拥有，而且通过提供与所有权相联系的"定制"服务来运营和管理大多数类型的创造收益的商业房地产。这项新立法最终使得房地产投资信托（REIT）股东的经济利益与运营商及经理的经济利益合并。这种改变适用于除酒店、保健设施和提供高度个人化服务以外的大多数类型的房地产。

1986 年新立法为房地产投资信托基金（REITs）作为投资资产的大幅增长奠定了基础。从政策的角度来看，新立法树立了三个重要的里程碑：

1. 它消除了人为的避税驱动型资本纷纷流向房地产部门的局面。原运行机制使投资理性误入歧途，并扭曲了房地产活动的经济基础。

2. 通过对所有房地产实行统一政策，消除了资本形成中的任何人为偏差，从而为房地产资本市场的所有参与者提供了公平的竞争环境。

3. 消除了原本因为阻止房地产投资信托（REIT）公司股东管理实物资产而带来的利益冲突，从而消除了反对房地产投资信托（REIT）结构的关键的公共市场的障碍之一。

突然间，冷静和理性的经济运行回到了房地产世界。

> 1986 年《税收改革法案》：一部联邦法，极大地改变了房地产投资的运营模式，通过运营 REITs 不仅可以拥有所有权，还可以运营管理大多数产生收入的商业地产。它也停止了房地产作为避税工具吸引了大量的资本的现象。当时，投资者投资房地产是基于它可以创造的损失的大小。

新的房地产投资信托基金时代

《1986 年税收改革法案》大大改变了塑造房地产市场的经济和立法政策力量。房地产新经济学和房地产投资信托（REIT）"版式"的积极变化，为房地产投资信托（REIT）的现代化开辟了新的舞台。然而，与任何新的市场运行机制一样，市场参与者需要时间来分析和了解新的市场力量。此外，老房地产市场的过剩需要消化。

房地产税收政策变化的后果是 20 世纪 90 年代初房地产的衰退。直到

20 世纪 80 年代末，银行和保险公司继续以明显的步伐开展房地产贷款。外国人对美国的房地产投资，特别是来自日本的投资，也在 20 世纪 80 年代后期继续扭曲美国的房地产市场运行机制。

到 1990 年，储贷危机、1986 年法案、20 世纪 80 年代非房地产投资信托基金（REITs）过度建设，以及对银行和保险贷款人的监管压力等综合因素导致全国范围的房地产经济衰退。在 20 世纪 90 年代初期，商业物业价值下降了 30% ～50%。市场状况大大阻碍了商业房地产信贷和资本的可获得性。由于衰退和伴随的资本紧缩，许多房地产借款人拖欠贷款。金融机构的巨大损失引发了金融危机，为联邦政府带来了巨大的负担。为了维持公众对银行体系的信心，联邦储蓄保险公司（FDIC）对濒临破产的储贷系统进行了大规模救助。在政府的监管下，许多破产的公司被迫与更强大、资本更充足的公司合并。为了引导这种合并，政府保证破产储贷机构的财务业绩。在许多其他情况下，无偿债能力的储贷机构在政府的监督之下被破产清算了。20 世纪 80 年代后期，储贷系统的大规模重建，使得不良房地产资产涌入市场。这种房地产市场的重大失调加剧了 20 世纪 90 年代初商业物业价值的下降。

20 世纪 90 年代至今

20 世纪 80 年代初的房地产市场过剩到了 90 年代初，已经缓解。房地产市场的债权人对借款者提出了更高的要求。市场参与者不再人为地被避税动机激励而投资房地产。这被大多数行业观察家认为是现代房地产投资信托基金时代的起点。从 1991 年 11 月开始，许多私人房地产公司认为，使用房地产信托基金（REITs）从公共市场获得资本可能更加有效。与此同时，许多投资者意识到房地产市场复苏刚刚开始，现在可能是投资商业房地产的好时机。这导致了房地产投资信托（REIT）资产相对长期稳定的持续增长。

自 1992 年以来，许多新上市的房地产投资信托基金（REITs）已将非常稀缺的股本投入过度杠杆化的房地产行业中。截至 2005 年 6 月 30 日，共有超过 200 家上市的房地产投资信托基金（REITs）和房地产经营公司，股票市值超过 8000 亿美元。而在 1992 年初，股票市值约为 164 亿美元。从图 2 - 1 可见，股票市值大幅增长。当前，房地产投资信托（REIT）基本上由个人所有，估计有 30% 的房地产投资信托（REIT）股份由个人投资者直接拥有。1/3 的房地产投资信托（REIT）股份由共同基金所拥有，共同基金的股份也主要由个人投资者所有。但 REITs 肯定不仅仅是为个人投资者带来好处，也不应被视为仅适用于零售型的个人投资者的投资。

百万美元

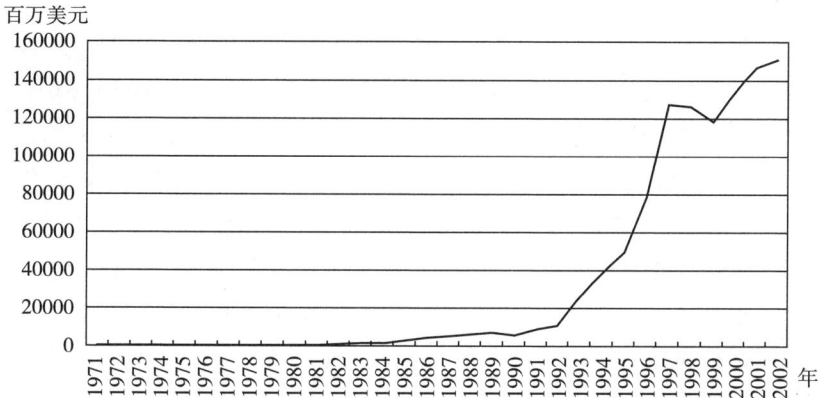

资料来源：NAREIT。

图 2 - 1　房地产投资信托基金（REITs）股票市值

与新时期房地产投资信托相关的债务水平，低于与总房地产投资额相关的债务水平。这对房地产投资信托资产的稳定性产生了积极的影响。房地产投资信托基金的平均债务水平通常为市值的 45% ~ 55%，低于当私人拥有房地产的平均债务水平 75%。房地产投资信托较高的股本资本水平有助于缓解房地产市场周期性波动的负面影响。房地产投资信托基金具有更好的抵御市场滑坡的能力，对于房地产业及其贷款人产生了稳定的影响，进而减少了破产和贷款违约的现象发生。因此，一般房地产行业受益于房地产损失减少和投资回报更加稳定。这有助于房地产获得投资大众的信任，并且促进了资本持续地流向房地产投资信托部门和房地产业。

房地产投资信托基金（REITs）目前拥有约 1 万亿美元的商业房地产，与机构级质量的约 5.5 万亿美元的美国房地产资产相比，占比不到 20%。与房地产投资信托（REIT）法规相应的公共政策相一致，许多房地产行业观察家认为，随着时间的推移，以下趋势越明显：美国商业房地产所有权将越来越多地被房地产投资信托基金（REITs）和公开上市的房地产经营公司所拥有。这种公共证券化的房地产是房地产投资信托（REIT）新时代的标志。由目前趋势来看，公共房地产不断增长的趋势不会终止。

　　虽然，1986 年的《税收改革法案》有效地将房地产投资信托（REIT）管理与房地产投资信托（REIT）资产融合起来，而且，《1997 年纳税人救济法》包含了对房地产投资信托（REIT）的进一步的改革，但是，房地产投资信托（REIT）行业的成员仍然认为，他们被要求在受限制的情况下经营房地产，而这些限制越来越使得其在新兴客户导向的房地产市场失去竞争力。他们认为，像 20 世纪 90 年代美国其他行业一样，房地产业是正在面向客户的服务业且迅速发展。房地产投资信托（REIT）房东为其租户提供新服务，只有在这些服务成为"常见的和惯例"之后，才能吸引和留住优质租户。然而，法规限制了房地产投资信托可以提供的服务。随着房地产投资信托基金（REITs）的规模越来越大，房地产投资信托基金（REITs）会自动影响到什么服务，那么，这个服务将被本区域中认为是惯常性的服务。根据旧规则，一些服务可能永远不会被视为习惯常性的，因为房地产投资信托基金（REITs）被阻止提供这些前沿服务。除此之外企业还发现，提供良好质量的辅助服务的质量控制可以产生客户忠诚度。根据现行的法律规定，房地产投资信托（REIT）必须使用独立承包商向租户提供非惯常服务，所以房地产投资信托（REIT）业务经管理对独立承包商向房地产投资信托（REIT）租户提供的服务质量几乎没有控制权。这些潜在的创收机会产生的收入将会由第三方获得，而不是房地产投资信托（REIT）的股东获得。为租户提供潜在的新服务的能力对于提高房地产投资信托基金（REITs）在房地产行业的竞争地位将有三个关键性的好处：

　　1. 租户获得新服务的能力会产生更大的客户忠诚度，并使得房地产投资信托（REIT）房东与非房地产投资信托（REIT）房东保持竞争能力，后者可以提供不受限制的服务。

　　2. 新服务（由房东或由房东许可的第三方提供）可以为房地产投资信托（REIT）股东带来额外的收入。

　　3. 房地产投资信托（REIT）管理可以对向租户提供的服务保持更好的质量控制。

　　在过去十年中，新时期的房地产投资信托基金（REITs）为租户提供的服务如此优良，以至于第三方开始保留 REITs，以便获得该优质服务。原房地产投资信托（REIT）立法规定，房地产投资信托基金（REITs）可以从租金、资本利得、股息和利息以外的其他收入来源获取高达 5% 的收入。不管怎样，许多房地产投资信托基金（REITs）现在面临着最大限度地提高股东价值的机会，即管理与服务提供商的合资企业，或者销售第三方服务，以赚取超过5%的收益。在最近房地产投资信托基金法规变化之前，许多房地产投资信托基金（REITs）投资于非房地产投资信托（RE-IT）的C公司，以捕捉到这部分收入流。这些公司提供已经交付给房地产投资信托（REIT）的租户的不相关方的服务，例如美化购物中心的园林景观，或管理该购物中心。房地产投资信托（REIT）拥有该合资购物中心的股份。这些安排往往涉及使用房地产投资信托（REITs）的管理人员，并且这些安排往往非常复杂，用以维持房地产投资信托（REIT）的地位。

业内人士认为，这些法规限制过死，使房地产投资信托（REIT）运营商（及其股东）与非房地产投资信托（REIT）型的运营商处于明显的不利地位。当时，房地产投资信托（REIT）的资产规则是效仿共同基金的资产多元化规则。根据这些规定，REIT不得拥有其他公司［不包括合格的房地产投资信托（REIT）的子公司或其他REIT］10%以上的投票权证券，而另一家公司的证券不得超过房地产投资信托（REIT）的总资产价值的5%。对应这些不合理的法规制约，国会通过了《1999年房地产投资信托（REIT）现代化法案》（REIT Modernization ACT，RMA）。该法的核心内容是为应税REIT子公司（Taxable REIT Subsidiaries，TRSs）制定了规则和准则。该法允许房地产投资信托（REIT）拥有TRS型公司100%的股份。TRS可以在一定限度内向房地产投资信托（REIT）租户和第三方提供服务，而不会损害房地产投资信托（REIT）父公司的地位。TRS规则中的限制条款规定了TRS的规模，以确保REITs继续集中财产所有权和运营。关键条款是，TRS不得超过房地产投资信托（REIT）资产的20%，从TRS到其附属于的房地产投资信托（REIT）的债务和租金数量有限。TRS规则和一系列轻微的技术性调整，使房地产投资信托基金（REITs）享受与非房地产投资信托（REIT）房地产竞争对手一样的优势、服务利益和经营策略。

这些立法的初衷，以及房地产投资信托（REIT）资产的稳步增长，并没有被机构投资界所忽视。现代房地产投资信托基金（REITs）具有被认为是直接投资房地产的可行替代方案的足够的规模和发展历史。机构投资者也认识到房地产投资信托（REIT）给房地产资产带来的流动性优势。［在第三章中，我们将探索现代房地产投资信托（REIT）作为一个独立资产类的规律，以及房地产投资信托基金（REITs）对投资组合的影响］。

> 《1999 年房地产投资信托（RMA）现代化法案》：联邦税法改变了相关条款，允许房地产投资信托（REIT）拥有应税的房地产投资信托（REIT）子公司 100% 的股权。这些子公司向房地产投资信托（REIT）的租户和其他人提供服务。法律也将应税收入的最低分配额从 95% 调整到了 90%。这与从 1960 年到 1980 年的房地产投资信托基金（REITs）规则保持连续性。

记忆要点

- 房地产投资信托（REIT）是一家致力于拥有和管理收入型房地产的公司，如公寓、购物中心、办公楼和仓库（译者注：通常如商业地产）。
- 在法律上，房地产投资信托基金（REITs）需要以股息的形式每年向股东支付其净收入的 90%。
- 房地产投资信托基金（REITs）赋予拥有房地产所有的优势和特点。此外，REITs 为股东提供当期流动性，因为其股票可以在主要证券交易所自由交易。投资者可以获得拥有房地产的所有利益，并享受投资的完全的流动性。
- 1986 年《税收改革法案》彻底改变了房地产投资信托基金（REITs）的投资环境。新法律大大降低了房地产投资避税的潜力，因为新法限制扣除利息，限制使用被动损失。这意味着房地产投资必须是以经济和收入为导向，而不是以避税为动力。
- 20 世纪 90 年代初，商业地产价值下降。商业房地产难以获得信贷和资本。许多私人房地产公司决定，获得资本的最佳方式是通过房地产投资信托基金（REITs）利用公共市场。

第三章　作为资产类的 REITs
（房地产投资信托基金）

地球上最好的投资是土地。（路易斯·格利克曼，1957）

在债券和股票之后，商业房地产是第三大投资资产，在美国估计价值为 11.0 万亿美元。机构级别品质的房地产——房地产规模足够大，使机构买家可以考虑采购——估计价值 5.5 万亿美元，大约是商业房地产总价值的一半。房地产投资信托基金（REITs）和房地产经营公司（REOCs）大约拥有和经营了价值 1.0 万亿美元的房地产，约占机构级别品质的房地产总量的 20%。

房地产资产

如第一章所述，房地产是一种随着时间的推移可以给机构投资者提供许多积极属性的资产类别。在房地产市场上，房地产投资信托与其他机构投资者竞争。他们汇集了大量投资者的财务资源，投资于房地产这个特定目的。在很多方面，房地产投资信托（REIT）像是一个共同基金，除了投资于房地产之外。如第二章所述，符合某些要求的公司可以获得房地产投资信托基金（REITs）的资格，从而避免对所有作为股利分配给股东的净收入征收联邦税。直接拥有房地产的房地产投资信托基金（REITs），享有所有其他房地产业机构投资者享有的房地产所有权的主要投资收益。大多数房地产提供的三个主要投资优点是：

1. 现金流。租金产生连续的和可预测的现金流量，这是房地产资产的吸引力之一。

2. 通胀对冲。房地产往往作为通货膨胀的对冲，长期的价值上涨幅度远远高于通货膨胀的速度。

3. 投资组合多元化。房地产独立的本地市场性质，产生的回报与股票和债券的回报相独立。当我们将房地产添加到投资组合中时，这种投资回报的低相关性，增加了额外的分散化的好处。

房地产也受到一些潜在的负面影响。如第一章所讨论的，这里是对这些负面属性的简要总结：

- 房地产缺乏流动性。由于买卖房地产是在当地市场的买卖双方直接进行磋商的，还往往涉及融资安排，交易时间可能很长，六个月甚至一年并不少见。

- 房地产投资业绩难以衡量。由于房地产的价值是在出售时确定的，因此，在出售之前，很难计算房地产投资组合的总体绩效。

- 房地产不能移动。除了极少的例外，如移动房屋，现有房地产被转移到需求更好或供应受限的市场是不可行的。

- 房地产是独一无二的。建筑物的物理属性及其位置，对于该建筑物来说是独一无二的。在处置一个特定的房地产时，会有积极的和消极的两个方面的属性。

- 房地产受外部影响。财产所有者无法控制的事件或活动（好或坏）影响财产的价值。

如前所述，房地产也受到一些潜在的负面影响。强调潜在的这个词是因为，房地产投资信托基金（REITs）作为直接拥有房地产所有权的替代品，它的独特特征解决了一些问题。余下的潜在问题可以被房地产投资信托（REIT）有效地管理。这些好处给了房地产投资信托基金（REITs）一系列独特的品质，使其在许多方面优于直接房地产投资。

> **房地产投资信托的理念：流动性**
>
> 房地产投资信托（REIT）解决了房地产最重要的困境——流动性问题。每个交易日，超过8亿美元的REITs基金在公共市场上进行交易。与在私人市场上出售单一财产可能需要几周或几个月相比，流动性这一优势十分明显。

房地产投资信托（REIT）资产类解决的最大问题是流动性。不像直接房地产投资，房地产投资信托基金（REITs）通常是上市公司。他们在纽约证券交易所、美国证券交易所，以及纳斯达克和柜台市场进行交易。市场公开交易的房地产投资信托基金（REITs）急剧增长与公共股本市值的相关增长（见图3-1）已经趋同，使得房地产投资信托基金（REITs）的流动性成为该资产类与其他资产的主要区别因素。

房地产投资信托基金的平均每日交易量超过8亿美元。自1996年以

十亿美元

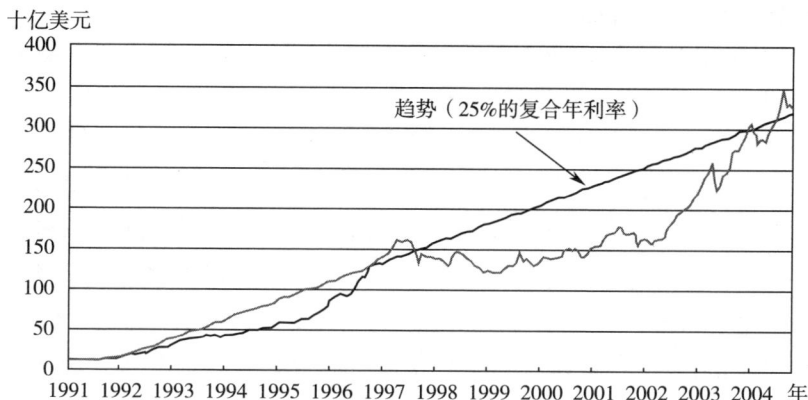

注：不包括营运合作单位。

资料来源：Uniplan, Inc.

图 3-1　美国 REITs 的股本市值（截至 2005 年 10 月 31 日）

来，公共市场提供了 3 亿~5 亿美元的日常流动性。与直接房地产投资的六个月流动性窗口相比，日常流动性的优势变得明显。

在不同情况下，流动性优势成为房地产投资信托（REIT）投资者的有用工具。房地产投资信托基金（REITs）的日常流动性允许投资者进出公寓等房地产类型。这对于想要使其他房地产投资的现有投资组合多样化的投资者可能是有用的。例如，对于直接拥有购物中心的投资者，可以轻松添加公寓、工业地产或其他房地产。因为这些房地产投资信托基金（RE-ITs）在公共市场上交易。通过向房地产配置中增加房地产投资信托基金（REITs），可以减小直接房地产组合的行业风险头寸。这是所有房地产投资者的有用工具。

房地产投资信托基金（REITs）的流动性优势与直接房地产投资组合的地域多样化优势相同。如前所述，房地产的物理属性阻止了将其从需求下降或供应过剩的当地移动到供需较好的地方。然而，房地产投资信托基金（REITs）为直接财产所有者提供了地理方位多样化的投资组合的选择。通过简单地加入其他地理区域的房地产投资信托基金（REITs），地域方位多样化就实现了。例如，在芝加哥地区进行房地产多元化的投资组合的所有者，可以增加其他地点的房地产，如加州或纽约市，方法是增加在那些地域的房地产投资信托基金（REITs）。在房地产配置中增加房地产投资信托基金（REITs），能够改变直接房地产投资组合的地域头寸。这种能力允许直接房地产投资者能够获得比目前投资组合条件更好的地点的房地产。

当投资组合完全由房地产投资信托基金（REITs）组成时，房地产投资信托基金（REITs）的流动性优势变得更加显著。纯粹的 REITs 组合可以大大消除直接房地产投资的流动性问题，同时保留积极属性，如现金流、对冲通货膨胀，以及提供额外的投资组合多元化。此外，房地产投资信托基金（REITs）的流动性优势允许投资者在房地产投资信托基金（REITs）投资组合中轻松添加行业或地域。而且，房地产投资信托基金（REITs）在地域和地产类别之间轻松迁移的能力也不容低估。

直接机构投资者最喜欢的地产类型和地域时不时地变化。这些变化往往由当地市场事件和宏观经济趋势驱动的供需变化所决定。20 世纪 70 年代，区域性商场受到直接机构投资者的高度追捧。20 世纪 70 年代后期，零售业的增长率开始落后于通货膨胀率。1979 年，总体经济开始陷入衰退，导致区域性商场失去了直接机构投资者的偏好。20 世纪 80 年代，办公楼也经历了类似的循环。与互联网革命相关的宏观经济趋势和相似的本地市场使得圣何塞和旧金山湾地区成为 20 世纪 90 年代后期直接房地产投资者们关注并且受欢迎的地理区域。2000 年，互联网经济崩溃导致投资者对该地区投资情绪改变，以及对该地区地产估值水平的相应变化。在地理区域和房地产种类之间轻松迁移的能力，可以使房地产投资信托（REIT）投资者利用由当地市场事件和宏观经济趋势决定的财产类型和地理区域变化来获利。

直接机构投资者可以作出类似的投资组合变化。然而，流动性的缺乏和摩擦成本的高昂，直接阻止了在直接投资水平上进行积极管理的政策。为了几美分的每股收益，房地产投资信托（REIT）投资者可以通过给经纪公司打电话，来积极地改变地域或财产的风险头寸（第六章创建了一个地域和行业决策过程框架，以支持地产投资组合的这种变化）。

测量直接房地产投资组合的期间绩效是困难的。获取具体的房地产投资绩效信息比获得股票和债券的投资绩效更加困难，成本更高。由于房地产价值是在出售时确定的，因此了解直接房地产投资真实绩效的唯一方法，是在投资组合出售时，或投资组合中的特定财产出售时，才进行计算。

直接投资组合中，短期绩效如季度或年度回报，结果往往是估计的。这些估计通常基于从本地市场上类似资产的销售中推导出的资本化率。谨慎使用这些估值，有助于评估直接房地产投资组合的表现；但是，这些估值倾向于平滑可能观察到的实际值的波动。因此，估计方法往往低估了风险或回报的标准差。真正的绩效结果只有在销售时才能知道。

由于许多机构房地产投资组合坚持长期投资政策，房地产资产配置的定期价值评估通常可以满足受托责任考查目的。当受托人必须评估特定房地产投资组合相对于其他房地产投资组合的投资绩效时，真实的绩效测量问题开始显现。由于其他直接房地产投资组合也存在估计偏差，因此只有到有关投资组合被清算时为止，否则不可能对具体投资组合的绩效进行排序。这使得相对投资组合绩效的评估特别困难。相比之下，房地产投资信托基金（REITs）投资绩效的测量问题却少得多。因为房地产投资信托基金（REITs）和相关证券像股票一样交易，所以计算定期投资回报是比较简单的。此外，同样的价格数据可用于计算任何给定期间的风险或回报标准差。随时可用的定价数据，使得定期绩效和投资组合风险的计算在房地产投资信托基金（REITs）组成的投资组合中是一件简单的事情。

房地产投资信托（REIT）投资者也很容易评估相对的投资组合绩效。通常可以通过各种公共资源来获得大量的每日房地产证券指数数据。我们将在本章描述的这些指数，通常是非管理的或被动的，并且由很多房地产投资信托基金（REITs）按照一定方法统一计算出来的。有些还包括房地产服务和房屋建筑公司。当这些指数被当作适当的基准时，有助于评估房地产投资信托（REIT）投资组合的绩效及其管理。

总共有 70 多个共同基金和多个交易所指数专门投资于房地产投资信托（REIT）或房地产行业。这些基金的业绩数据可广泛获得，从诸如"华尔街日报"等各种出版物或晨星公司（Morningstar）及魏森贝格尔（Weissenberger）等共同基金评级服务都可以查到。这些基金的业绩数据也可用于对积极型房地产证券投资组合的业绩进行比较。基金公司本身也可以成为业绩相关数据的额外来源，包括运营费用以及可比较的投资组合特征。

房地产投资信托（REIT）类资产的积极特征有助于克服与直接房地产投资相关的流动性和绩效考核问题。如前所述，流动性优势也减轻了关于财产的固定位置属性的消极后果。相应地，唯一性和外部性问题依然存在。这些问题有好坏两方面。像任何房地产投资者一样，房地产投资信托（REIT）投资者可以尝试管理独特风险，并采取策略来防范和监测可能的外部性。在处理特定的房地产时，建筑物的物理属性及其建筑物的独特位置可能具有积极和消极两个方面的后果。一些建筑物的建造具有非常特定的目标。适当情况下，这可以证明给定房地产项目的预期回报更高。相反，错误情形可能会迅速创造一个表现不佳的资产。

沃尔玛商店实际上是一种类型非常特殊的房地产项目。拥有长期租赁给沃尔玛商店的房地产组合可能是一个很好的投资选择。沃尔玛的信用质量有助于克服实际房地产的局限。相反，拥有专门为互联网杂货商 Web Van 设计和构建的工业仓库的房地产组合可能并不具有吸引力。Web Van 的信用质量可能不足以克服这些房地产的负面属性。管理这些类型的房产问题将在本书第三部分中有详细的讨论。这一章专门处理特定类别的公共房地产投资信托（REIT）。

外部性是一组难以管理的风险因素。外部活动的外部性使得管理外部因素成为一个防御性过程。因为原因性因素是外部的，不受该房地产项目的控制。对付房地产外部性的最佳防范措施是

外部性
（积极或消极地）影响某些外部因素的活动或事件。

地产方位。对纽约市公园大道的 A 级高层办公大楼造成负面影响的外部性，远远少于那些可能影响克利夫兰郊区一个不太知名交叉路口的 B 类写字楼的外部性。最佳使用原则可能会阻止垃圾场或化工厂出现在曼哈顿，但克利夫兰可能不是这样。这些风险因素也从特定地产层面在本书第三部分的每一章进行详细讨论。旧的房地产格言强调得不能再强调："位置，位置，位置"——因为位置是预期外部影响的关键因素。

公开交易的房地产投资信托具有直接房地产很少有的特定类型的风险。系统风险或市场风险是直接房地产投资者永远不会遇到的风险。这种市场风险影响房地产投资信托基金（REITs），是因为房地产投资信托基金（REITs）是股票市场或公共资本市场等更大资产市场中众多公司的一部分。与房地产投资信托基金（REITs）或当地房地产市场完全无关的活动，可能对上市房地产投资信托（REIT）的股票价格产生负面（或正面）影响。1998 年俄罗斯政府债券出乎意料的违约给国际资本市场造成严重混乱。这导致全球股票市场股价大幅下挫，其中包括房地产投资信托（REIT）股票市场价格的下跌。尽管违约可能对房地产价格产生一定的负面影响，但直接房地产投资者并没有遭受影响房地产投资信托（REIT）股票市场的价格下跌。因此可以认为，系统性风险是房地产，特别是上市的房地产投资信托（REIT）股票的外部性。

公共市场房地产指数

大量的房地产证券指数每天可以通过各种渠道实时获得。这些指数典型是不需要管理或者说被动的，并且广泛地由 REITs 和其他房地产相关公司组成。一些还包括房地产服务公司和家庭建筑公司。以下将简要说明主要的公共市场房地产指数。

全国房地产投资信托协会（National Association of Real Estate Investment Trust，NAREIT）是主要的房地产投资信托基金协会。被公认为是房地产投资信托行业领先的公共资源，并具有可追溯到 1972 年的房地产投资信托的业绩数据。该组织编制并出版了一组仅由上市 REITs 组成的指数：

● NAREIT 指数。这是 NAREIT 的所有可上市交易的房地产投资信托基金（REITs）的指数。这是最知名房地产投资信托基金（REITs）和引用最多的房地产投资信托（REIT）绩效指数。最广泛的纯房地产投资信托（REIT）指数，包括了相应市场份额的所有上市房地产投资信托基金（REITs）。该指数可以实时获得。它每月重新平衡一次，以便吸纳新的和合并的房地产投资信托基金（REITs），以及现有房地产投资信托基金（REITs）新发行的股本。

● NAREIT 股权指数。这与 NAREIT 指数相同，但不包括抵押型房地产投资信托基金（REITs），以反映纯粹的股权房地产基准。该指数可以实时获得。它每月重新平衡一次，以便吸纳新的和合并的房地产投资信托基金（REITs），以及现有房地产投资信托基金（REITs）新发行的股本。

● NAREIT 50 指数。这是涵盖了 50 个最大的上市房地产投资信托基金（REITs）的综合指数。这是一个更适合机构投资者的基准，因为房地产投资信托规模小的话会产生流动性问题，该指数可以实时获得。它每月重新平衡一次，以便吸纳新的和合并的房地产投资信托基金（REITs），以及现有房地产投资信托基金（REITs）新发行的股本。

● NAREIT 抵押指数。这是涵盖所有上市的抵押型房地产信托基金（REITs）的综合指数。该指数可以实时获得。它每月重新平衡一次，以便吸纳新的和合并的房地产投资信托基金（REITs），以及现有房地产投资信托基金（REITs）新发行的股本。

其他金融机构追踪和发布的房地产投资信托和公开上市的房地产证券

等的统计资料：

- 标准普尔房地产投资信托（REIT）综合指数。该指数包括100个房地产投资信托基金（REITs），含抵押型房地产信托基金（REITs）。该指数占房地产投资信托（REIT）市值的约75%。该指数要求优质的金融基本面，良好的流动性，强劲的收益和股利增长为特征。它每季度重新调整权重一次，指数回报是每天计算的。

- 摩根士丹利房地产投资信托（REIT）指数。这是一个可交易的实时市场指数，由摩根士丹利构造。该指数涵盖条件的细目清单包含了最低市值、流通股、交易量和股价等。要被纳入该指数，房地产投资信托（REIT）必须有六个月的交易历史，而且必须在主要交易所上市。该指数每季度重新编制，不包括抵押贷款型或医疗保健型房地产投资信托基金（REITs）。它在美国证券交易所（AMEX）的股票代码是RMZ。

- 威尔希尔房地产证券指数。该指数由房地产信托基金或房地产经营公司组成。其构成成分由威尔希尔协会（Wilshire Associates）每月确定一次。该指数包括酒店经营公司、开发和建筑公司。它不包括特殊、保健或抵押型房地产投资信托基金（REITs）。Wilshire每月发布一次报表，详细信息可以订阅。该指数没有实时信息。

公共市场房地产指数成分主要有大约200家上市的房地产投资信托基金（REITs）。股权型投资信托基金（REITs）为所有主要的地产类型基金（REITs）提供了投资机会。大量上市的房地产投资信托提供了多数地域的房地产。

> **股权型REIT**
>
> 拥有或持有租赁房地产"股权"的房地产投资信托，其从租金收入中获得大部分收入（而不是通过房地产抵押担保）。

表3-1　公共房地产投资信托（REIT）行业（2005年6月30日）

单位：%

办公楼	16
工业地产	9
住宅	25
多种经营	8
酒店	6
卫生保健	5
私人仓储	4
特种商店	4
抵押型	8

表3－2描述了公开上市交易的房地产投资信托基金（REITs）按地域和财产类型划分的财产分布。房地产投资信托（REIT）资产配置偏向主要大都市，这并不让人感到奇怪。事实上，约有50%的房地产投资信托（REIT）资产分布在25个大都市。这使得房地产投资信托（REIT）投资者有潜力实现地域多样化，并集中于最有利的供不应求的主要市场。

表3－2　　　　　　　房地产投资信托财产所有权的地理分布

单位:%

地区	公寓单元	零售	办公楼	工业	酒店房间	卫生保健
区域一	12	19	20	21	17	12
区域二	8	16	3	2	11	9
区域三	2	4	0	1	7	7
区域四	15	11	6	28	10	7
区域五	19	9	19	18	3	19
区域六	18	19	15	15	16	20
区域七	14	11	18	8	14	12
区域八	12	11	19	7	22	14
全部	100	100	100	100	100	100

注：区域一：太平洋区，包括阿拉斯佳、加利福尼亚、夏威夷、俄勒冈、华盛顿。

区域二：山区，包括亚利桑那州、科罗拉多州、爱达荷州、蒙大拿州、内华达州、犹他州、怀俄明州。

区域三：西中北部地区，包括爱荷华、堪萨斯州、明尼苏达、密苏里州、内布拉斯加州、北达科他州、南达科他州。

区域四：东中北部地区，包括伊利诺斯、印第安纳、密歇根、俄亥俄州、威斯康星州。

区域五：西南部，包括阿肯色州、路易斯安那、奥克拉荷马、得克萨斯州。

区域六：东南部，包括阿拉巴马州、佛罗里达州、佐治亚州、密西西比、北卡罗来纳、南卡罗来纳州、田纳西州。

区域七：中大西洋，包括特拉华、哥伦比亚区、肯塔基、马里兰州、弗吉尼亚、西弗吉尼亚。

区域八：东北部，包括康涅狄格、缅因州、马萨诸塞州、新罕布什尔州、新泽西、纽约、宾夕法尼亚、罗德岛、佛蒙特州。

这些本地供需因素往往会推动特定房地产投资信托基金（REITs）的业绩。业绩通常是更多地反映当地市场条件的函数，而不是股票和债券市场的函数。房地产投资信托基金（REITs）由于与股票和债券的相关性较低，为投资组合提供了更多的多样化选择。这种多样化带来的好处符合现代投资组合理论的框架，房地产投资信托基金（REITs）恰恰提供了多资产类的投资组合。在第四章中，我们将研究房地产投资信托（REIT）资产类别的这些方面。

记忆要点

● 在公开市场上，约有 180 家上市的房地产投资信托基金（REITs），涉足办公、工业、公寓、购物中心、区域购物中心、酒店、保健和特种资产。他们拥有的地产包括美国最好的地产，如美国明尼阿波利斯购物中心和旧金山的英巴卡迪诺（Embarcadero）中心。

● 由于房地产价值受当地供求因素影响，房地产投资信托基金（REITs）允许投资者隔离房地产种类和正在改善的当地市场状况，并避免正在恶化的市场与地产。

● 简单地通过投资房地产投资信托基金（REITs），就可以对大多数区域市场、主要城市和这些区域的房地产种类进行投资。

● 由于本地供需因素驱动特定房地产投资信托基金（REITs）的业绩，REITs 通常更多地表现为当地市场条件的函数，较少表现为股票和债券市场的函数。

● 房地产投资信托基金（REITs）因为与股票、债券的相关性较低，所以为投资组合提供了多样化的新选择。

第四章　房地产投资信托基金（REITs）作为投资组合多元化的工具

从来没有这么多人付出这么多却做得这么少。（匿名投资咨询顾问经理）

在过去 20 年中，整个行业都诞生了简单的概念，即投资组合的大部分绩效是由组合里的资产混合产生的。这个简单的概念是现代投资组合理论（Modern Portfolio Theory，MPT）的基石。MPT理论孵化的行业被称为投资管理咨询行业。投资

> **现代投资组合理论（MPT）**
> 基于如下思想：将股票、债券和REITs等不同投资混合在一起的投资组合，可以提高回报并降低风险。

顾问随时准备就整个投资世界提供建议，建议正确配置不同的投资工具。这些投资工具在投资组合中，以实现最小的本金风险和最低波动风险这样的投资目标。

资产配置与现代投资组合理论

大多数目标都是如此，通常有许多方法来实现既定目标。通过仔细研究和分析，投资顾问将制定一个投资组合的分配模型。这个模型推动投资组合的回报达到既定目标。只要付一些适度的额外费用，投资顾问将协助投资者制定符合资产配置模型的既定目标或政策。

大型投资者例如养老金计划、捐赠计划和富裕人士等，历来都聘请投资顾问来解决长期投资目标和政策问题。这些大型投资者有受托义务来保护投资者的利益，而完成这一目标（以及降低自己的潜在责任）的方法之一就是聘请顾问来监督与投资有关的问题。顾问的工作是就正确的投资组合向客户提供意见，监督这些投资的基本绩效，以确保这些投资与目标保持一致。

在过去，顾问在咨询实践中离不开高级数学算法，也离不开进行分析

所需要的无穷多的数据。这种限制使得只有大型机构才能获得咨询。随着个人电脑的功能越来越强大，互联网数据普及化，以及价格适中的软件能够获得，这些因素结合起来，使那些规模甚至最小的投资者也可以使用资产配置模型。提供资产配置建议的网站和在线计算器不断增多。价格适中的理财规划和资产配置软件广泛应用。传统

> **标准误**
>
> 衡量一组数据是如何分散的。在投资界，标准误是最常用的随时间变化的投资波动率的测量方法。较低的标准差可以降低投资组合风险，但同时也倾向于降低投资回报。

的华尔街经纪人以及折扣经纪公司都向投资客户提供资产配置投资计划。共同基金组合和401k计划提供商向客户提供资产配置建议。虽然资产配置的概念理论很简单，但实际应用和管理过程比大多数人想象的都要难以掌握。如上所述，通常有许多方法可以达成同样的目标，但难度在细节上。

资产配置理论和房地产投资信托基金（REITs）

整个投资组合的绩效受三个变量的影响。这三个变量对任何投资资产类都有影响。

1. 长期预期回报率和历史回报率。
2. 回报波动，通常指回报的标准差。
3. 回报的相关性。

当投资顾问将某类资产视为投资组合的可能投资成分时，他们首先研究回报率，以确定历史和预期收益是否高到足以与其他投资竞争。这种回报分析需要检查回报随时间而波动的情况。潜在回报（通常称为风险）的波动性越大，所需的回报率越高，否则该资产将难以在投资组合中有自己的地位。最后，回报模式或该资产与投资组合中其他资产的相关性，必须考虑。如果相关性显著不同于投资组合中的其他资产，回报率又足够高，波动性还足够低，那么该类资产会在投资组合内被选中。

资产配置的经典分配是在股票和债券投资组合中。股票类和债券类资产都有合理预期回报率和历史回报率，并且是两类最大的可用资产。长期而言，债券回报率低于股票回报，但是债券回

> **总回报**
>
> 股票的股利收入加上税前资本利得和佣金之前的资本增值。

报的波动性远小于股票回报。股票和债券之间的相关性相对较低。当股票的投资回报逊于其历史预期回报率时，债券的投资回报却优于历史预期回

报率。风险与回报之间的此消彼长，倾向于降低整个投资组合的波动性，并增加每单位风险的总回报。如图4-1所示，房地产投资信托基金（RE-ITs）的回报率历来高于债券回报，略低于大部分期间的股票。通过研究历史上比股票和债券提供更有竞争力回报的房地产投资信托基金（REITs）资产数量，我们可以得出结论。可以预计在未来，房地产投资信托（RE-IT）回报将继续高于债券，略低于普通股票。

> 总回报：股利收入，加上税前资本利得，以及佣金。

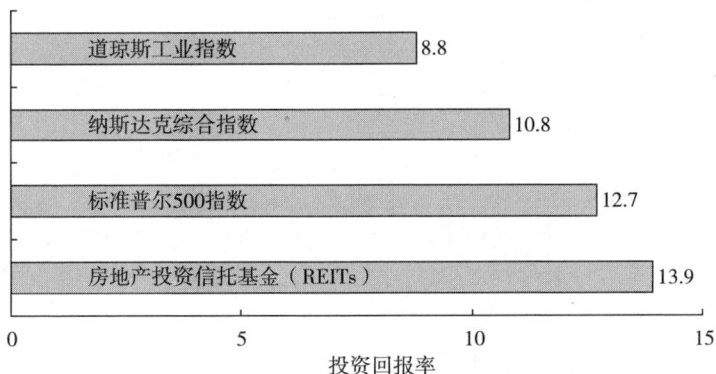

图4-1　房地产投资信托基金（REITs）与股票指数回报率比较
（复合年度总回报百分比：1975年10月至2005年10月）

波动率是通过计算特定资产在给定时间内的季度回报的标准差，以百分比计算。表4-1中，房地产投资信托基金（REITs）的波动性与股票和债券的波动性进行了比较。正如你所预期的那样，由于房地产投资信托（REIT）的回报高于债券，在大多数时间，房地产投资信托基金（REITs）的波动幅度高于债券。房地产投资信托（REIT）的波动性略低于大盘股，大幅低于小盘股，回报率也略低。

表4-1　　　　　　　　　季度回报的标准偏差

时期	REITs	大盘股	小盘股	债券
1972~2005	14.7	16.3	25.5	11.8
1972~1992	15.0	26.3	17.1	12.7
1993~2005	14.1	13.8	22.1	9.5

注：REITs：NAREIT Equity Index；大盘股：S&P 500；小盘股：Russell 2000；债券：20年期美国政府债券。

资料来源：Uniplan, Inc.

当查看图4-1和表4-1中的数据时，可以得出结论，房地产投资信托基金（REITs）提供的回报同股票一样有竞争力，而且风险或波动幅度远低于股票。相关性计算中，房地产投资信托基金（REITs）将自己作为独立的资产，其回报与股票、债券的回报进行计算。房地产投资信托与大盘股和小盘股的相关系数低得惊人。如图4-2所示，房地产投资信托与股票债券的相关性较低。而且，从20世纪70年代至90年代，相关性持续下降。

表4-2　房地产投资信托基金（REITs）总回报与其他资产的月度相关性

时期	大盘股	小盘股	债券
1972~2005	0.51	0.58	0.19
20世纪70年代	0.64	0.74	0.27
20世纪80年代	0.65	0.74	0.17
20世纪90年代	0.45	0.58	0.26
1993~2005	0.22	0.26	0.14

注：REITs：NAREIT Equity Index；大盘股：S&P 500；小盘股：Russell 2000；债券：20年期美国政府债券。

资料来源：Uniplan, Inc.

在五年平均的滚动期间测算，自20世纪90年代初以来，房地产投资信托基金与小盘股和大盘股的相关性一直在下降。这与第二章讨论的现代房地产投资信托基金（REITs）相一致。图4-2显示了房地产投资信托（REIT）相关性的下降趋势。

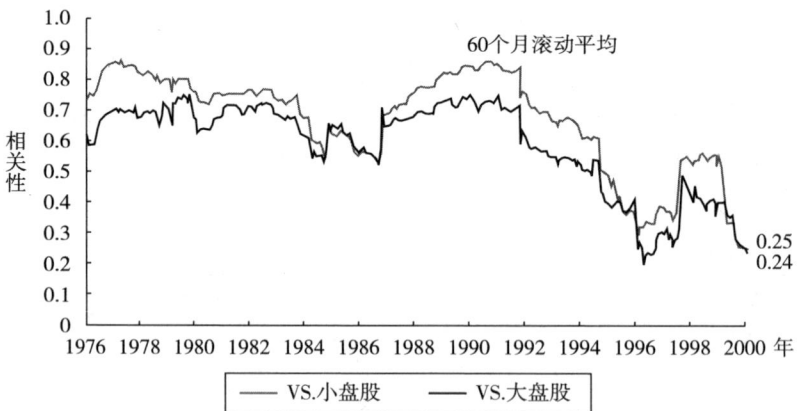

资料来源：Uniplan, Inc.

图4-2　权益房地产投资信托基金（REITs）的相关性不断下降

当将有竞争力的回报和合理波动联系起来时，投资回报相关性为资产配置和投资组合多元化提供了基本原理。房地产投资信托（REIT）资产类别的高度非相关性质提供了增加投资组合多元化的有力手段。在现代著名的论文《投资组合绩效的决定因素》（1986 年 7 月／8 月，《金融分析师杂志》）中，加里·布林森证明：资产配置政策决定了给定投资组合 91.5%的投资绩效。换句话说，投资组合中的资产混合决定了大部分投资业绩。大多数人认为最重要的投资绩效——实际证券选择过程仅占投资组合回报的 4.6%。所以说，不是你拥有了哪只股票，而是你拥有股票的事实，决定了投资组合的大部分回报。简单来说，资产配置决定了投资组合回报率。

REITs 的投资组合贡献

在图 4-3 中，我们回到了经典的股票——债券投资组合。对于这个例子，我们使用的投资组合政策标准是：标准普尔 500 指数的大盘股占投资组合的 50%，20 年期美国政府债券占 40%，30 天的美国短期国库券占10%。从 1972 年到 2000 年，该投资组合年回报率 11.8%，波动率为11.2%。当股票和债券份额各减少 5%，同时将 NAREIT 权益指数定义的房地产投资信托基金（REITs）增加 10%，则同期的投资组合回报率上升

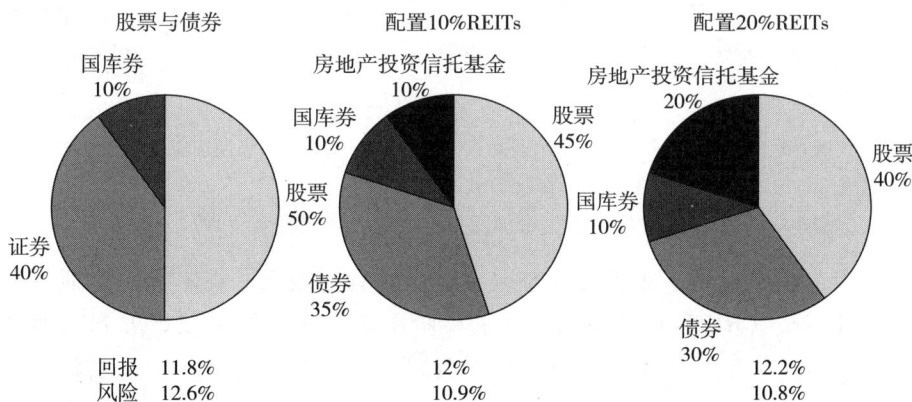

数据来源：债券：20 年期美国政府债券；国库券：30 天的美国短期国库券；股票：标准普尔 500 指数成分股；房地产投资信托基金：全国房地产投资信托协会权益指数。

图 4-3　多样化降低风险或增加回报：股票和债券投资者，1972—2000 年

至12%，风险或波动下降至10.9%。进一步实验，当股票和债券份额降低10%，房地产投资信托（REIT）配额增加至20%时，投资组合同期回报率上升至12.2%，风险或波动下降至10.8%。

图4-4研究了房地产投资信托基金（REITs）在经典债券组合中的潜在贡献。我们的投资组合政策为：20年期美国政府债券占90%，30天的美国国库券占10%。从1972年到2000年，投资组合回报率为9.5%，波动幅度为11.3%；将债券在投资组合中的份额减少10%，并将NAREIT权益指数定义的REITs添加到投资组合的10%，则组合同期回报率上升至9.9%，风险或波动大幅下降至10.6%；进一步实验，当债券在组合中的配额减少20%，增加房地产投资信托（REIT）在组合中的配额至20%时，同期组合回报率持续上涨至10.3%，风险或波动下降至10.3%。

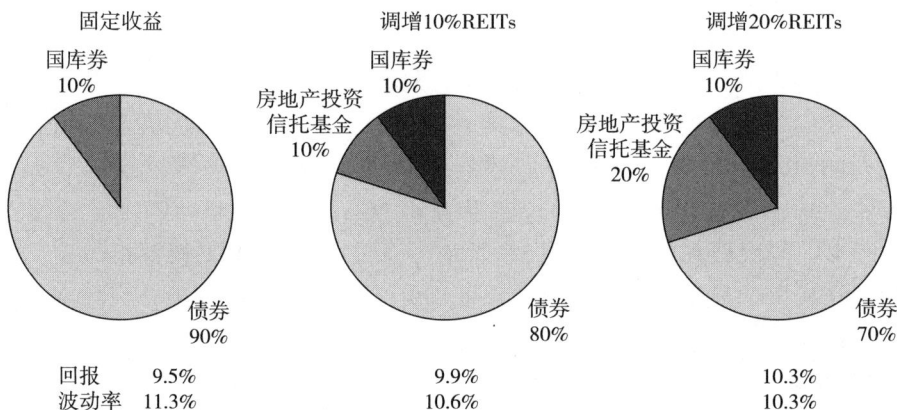

	回报	波动率
固定收益	9.5%	11.3%
调增10%REITs	9.9%	10.6%
调增20%REITs	10.3%	10.3%

数据来源：债券：20年期美国政府债券；国库券：30天的美国短期国库券；房地产投资信托基金：全国房地产投资信托协会权益指数。

图4-4 多样化降低风险，增加回报：固定收入投资者，1972~2000年

以上模拟显示了非相关资产加入组合的有益效果。在本例，房地产投资信托基金（REITs）的作用得到了检验，其实该分析可以扩展到其他非关联的资产类别，如小盘股票和国际股票。本例假设简单，但可以证明房地产投资信托基金（REITs）作为一种资产类增加了多资产投资组合的价值。在投资现实中，大多数投资者和顾问会对给定资产类的资产配置设置最小和最大限制。具体的投资政策和投资组合的性质决定了这些限制。投资组合的税收状态对创造收入的资产配置和约束产生影响。在应税投资组合中，通常将股息或利息收入减至最小，而资本收益则最大化，以降低当前的税收负担，并将税收延期到未来较低的资本利得税。相反，免税投资组合的所有者更愿意持有较大比例的产生较高流动收入的资产，因为计算实际净收益时不需要捐税。总资产规模也有一个潜在的制约因素。大型机构的投资组合，可能无法有效地使用较小或更多的非流动资产类别作为其整体战略的一部分，因为规模太大了，流动性需求更加突出。

探索房地产投资信托基金（REITs）在约束环境中的潜在贡献的简单方法（同时避免复杂数学模型）是使用房地产投资信托基金（REITs）和其他资产类别构建一组假设的投资组合。这些资产在大多机构投资者使用时都是有约束的。这种方法是这样来模拟的：在受限的投资组合中，在整个变化的时段增加不同数量的房地产投资信托基金（REITs），从而计算房地产投资信托基金（REITs）对投资组合业绩的潜在贡献。在此模拟中，以下投资组合约束较常用。

● 小盘股：伊博森（Ibbotson）美国小盘股票系列，最低0%，最高20%。

● 大盘股：标准普尔500指数，最低15%，最高60%。

● 债券：20年期美国政府债券，最低5%，最高40%。

● 国际股：摩根士丹利资本国际欧洲、亚洲、远东指数，最低0%，最高20%。

● 国库券：最低0%，最高15%。

在1972年至2000年使用这些约束，在投资组合中先后增加10%和20%的REITs配额，同时相应调整其他资产配额，以创建一系列回报和风险（标准差）。这种优化过程，不断增加1%的标准误，从而产生了一系列结果。这就是投资顾问为机构客户创建的假设分析的类型。

从图4-5可以看出，将房地产投资信托基金（REITs）增加到典型的多资产投资组合中，有助于增加全部有效前沿的回报。正如本章前面所讨论的那样，在五年平均的滚动期，房地产投资信托基金（REITs）与小盘股和大盘股的关联性自20世纪90年代初以来一直在稳步下降。这一下降大致对应于第二章讨论的新时代房地产投资信托基金（REITs）。因此可以认为，房地产投资信托与股票的相关性下降，更有利于降低投资组合的风险，并增大回报。为了检验这一理论，我们使用10%和20%的房地产投资信托（REIT）配额分别进行了相同的有效边界分析。与使用从1972年至

2000 年分析相同的最低和最高资产类限制类似，我们对 1993 年至 2000 年现代房地产投资信托（REIT）进行了考察。虽然这是一段很短的时期，但是由于房地产投资信托基金（REITs）与大盘股、小盘股的相关性不断降低，投资组合的风险和回报大幅改善。

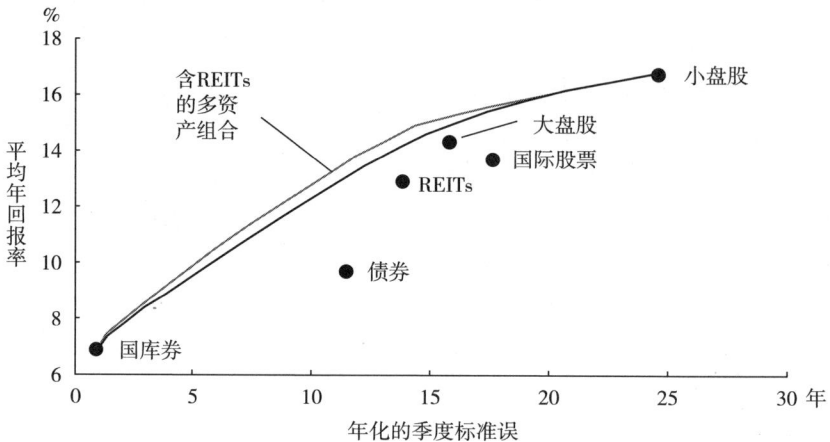

数据来源：小盘股：Russell 2000；大盘股：标准普尔 500 指数；国际股票：MSCI EAFE Index；REITs：NAREIT Equity Index；债券：20 年期美国政府债券；国库券：30 天的美国短期国库券。

图 4 – 5 含或不含房地产投资信托基金（REITs）的有效前沿：股票、债券、票据和 REITs（1972 ~ 2000 年）

结论

在回顾本章中提供的数据时，很容易得出结论，房地产投资信托基金（REITs）提供了有吸引力的风险和回报关系。风险略微高于债券，回报率略低于股票，房地产投资信托基金（REITs）为承担的风险提供了有竞争力的回报。进一步分析显示，除了有竞争力的回报，房地产投资信托资产作为资产类与其他金融资产相关性较低，其中包括大盘股、小盘股、债券、国际股和国库券。这种与其他资产类回报本来就较低的相关性，在过去现代房地产投资信托（REIT）不断发展的 12 年里，越来越低。有吸引力的投资回报，以及回报的低相关性，有助于降低风险，并增加房地产投资信托基金（REITs）添加到多种类投资组合中的总回报。配置 5% ~ 20% 的房地产投资信托基金（REITs）将增加大部分投资组合的回报并且降低风险，这使得拥有和理解房地产投资信托基金（REITs）对于进行多种资产组合投资人来说非常重要。

房地产投资信托（REIT）思想：多样化
在说了很多技术术语之后，关于房地产投资信托基金（REITs），有一件事一定要记住。在多元化投资组合中增加5%~20%的（REITs），可以增加投资组合的收益，并降低风险（标准差）。

记忆要点

- 资产配置是现代投资组合理论的基石。
- 长期回报、波动性和投资回报相关性影响总投资组合业绩。
- 房地产投资信托基金（REITs）提供了有竞争力的回报、合理的波动性而且与其他金融资产的相关性低。
- 房地产投资信托基金（REITs）在加入多种类别投资组合时，波动性较低，总回报增加。
- 在考虑受限的投资情形时，房地产投资信托基金将继续改善多资产类组合的业绩。
- 投资组合中5% ~20%的房地产投资信托基金（REITs）配额会增加投资回报，并降低大多数投资组合的风险。
- 了解房地产投资信托基金（REITs）作为一种资产类型对于进行多种资产组合投资人来说非常重要。

第五章 将房地产投资信托基金（REITs）纳入投资组合

房地产与谚语中的金罐极为相似。（阿达·路易斯·赫克斯特波尔，1970）

数据显示，房地产投资信托基金（REITs）在典型的多元化投资组合中占5%~20%时，将降低投资组合的波动性，增加其回报，并且在大多数时间范围内可以增加风险调整后的投资回报。有了这个事实，就会出现一个问题：如何最好地将房地产投资信托基金（REITs）融入投资组合。对于大型机构投资者来说，这是一项资产类别决策，通常通过使用投资政策声明将REITs纳入投资组合。政策目标要认真考虑具体目标，制约因素和投资者目标。这些考虑也同样地适用于较小的机构投资者和个人投资者。

● 利用房地产投资信托基金（REITs）的投资政策

所有投资政策，无论是简单还是复杂，无论是大型还是小型机构，都应反映资产池所代表的人们的需求。许多政策目标是定性的，有些是定量的，但两者的目标都是创造一个有效的投资组合，以满足政策声明所反映的个人的需求和目标。

理性投资者总是在投资组合中寻求更高的回报和更低的风险。将REITs融入投资组合可以创造机会以获得更高的回报，承担更低的风险。将REITs融入多元化投资组合有五个基本步骤：

1. 直接投资房地产投资信托。对于希望对房地产投资信托作出自己决定的投资者，可能对仔细选择并拥有个人房地产投资信托感兴趣。这个过程需要选择足够数量的房地产投资信托基金（REITs），以维持地产类型和地理位置的多元化。在大多数情况下，这需要最少7到10个房地产投资信托基金（REITs）。本书第九章广泛地介绍了用于分析房地产投资信托基金（REITs）的基本概念。直接投资者可以使用这些概念来监测房地产投资信托基金（REITs）持续的业务活动。

2. 管理房地产账户。在这种方案下，多元化投资组合的价值的一定百分比用于投资房地产投资信托基金（REITs）。而这笔资金的数额是由投资组合经理管理的，他们是专业做房地产投资组合的公司的员工。典型情况下，大多数机构投资者都是以这种方法将房地产投资信托基金（REITs）加入其更广泛的投资组合。

3. 房地产共同基金。对于小规模的投资者，房地产投资信托基金（REITs）使得他们有机会投资房地产证券。这些证券是依据专业管理的投资组合发行的。目前，有70多个专用于房地产证券和房地产业的共同基金。这些资金通常侧重投资于房地产投资信托、房地产经营公司和住房相关股票。在大多数情况下，利用房地产市场正在兴起的新趋势，投资组合被积极管理。总而言之，截至2005年6月30日，这些共同基金共有522亿美元。

4. 房地产单位投资信托基金（UITs）。与共同基金极其相似，这些信托为小额投资者提供了大规模的、专业选择的和多元化房地产投资组合的优势。然而，与共同基金不同的是，房地产单位投资信托（UIT）的结构是固定的，不主动进行管理。到了一定时间，房地产单位投资信托（UIT）将自动清算。房地产单位投资信托（UIT）发行后，股票在二级市场上交易，就像封闭式共同基金的股票一样。在这种情况下，有时可能在公开市场上以折扣价购买房地产单位投资信托（UIT），折扣是以信托所包含的实际股票的价值决定的。

5. 交易所交易基金（ETFs）。就像房地产单位投资信托基金（UITs）一样，交易所交易基金（ETFs）代表了股票组合的份额。通常，份额追踪市场指数，并可以像股票一样交易。交易所交易基金（ETFs）代表指数包含的股票，尽管一些交易所交易基金（ETFs）追踪积极管理的股票投资组合。投资者可以利用交易所交易基金（ETFs）做任何事情，就像他们可以利用正常的股票进行交易一样，例如凭保证金卖空或买入。因为交易所交易基金（ETFs）在交易所交易，所以可以在白天随时买卖。他们的价格将像其他股票的价格一样，随时波动。交易所交易基金（ETFs）比大多数共同基金税收效率更高，因为作为股东可以拥有何时购买和出售它们的最终决定权。缺点是每次买卖交易所交易基金（ETFs）份额，都要收取经纪佣金，这就是他们为什么对周期性的投资计划没有意义的原因。

房地产投资信托（REIT）思想：房地产投资信托基金（REITs）期权的优缺点

1. 直接房地产投资信托（REIT）投资

赞成：低成本和总税收控制

反对：投资者必须选择房地产投资信托（REIT）并监控其绩效

2. 管理账户

赞成：专业管理，通常税控

反对：费用较高

3. 共同基金（Mutual funds）

赞成：专业管理

反对：缺乏税控

4. 房地产单位投资信托基金（UITs）

赞成：固定投资组合减少税务事件

反对：被动管理防止增值投资

5. 交易所买卖基金（ETFs）

赞成：费用低和总税控制

反对：一般是被动策略，每份交易都收取佣金

• 房地产投资信托基金（REITs）的相关特征

投资者的投资组合政策和策略往往受资本市场和经济预期的影响。这些预期是对任何给定时间内投资者可获得的相关社会、政治和经济数据的反映。在某种程度上，投资者可以监测这些经济和市场因素，并根据自己的看法修改其投资组合配置。因此考虑可能影响房地产投资信托基金（REITs）作为资产类别的关键因素是重要的。

利率和房地产投资信托基金（REITs）

由于股息率普遍高于平均水平，许多投资者认为房地产投资信托基金的特征是与债券相似的。在某种程度上，就房地产投资信托基金（REITs）

而言，事实上，房地产投资信托基金（REITs）提供了更高的现期收益，与债券投资相似。然而，房地产投资信托并不像债券那样会对利率变化作出反应。事实上，房地产投资信托基金（REITs）往往比债券和股票市场对利率环境的变化更不敏感。

房地产投资信托和许多其他高收益股票，如公用事业和能源股，都被认为是固定收益证券的替代品。关于利率敏感性的传统智慧表明，与固定收益投资如债券和国库券相比，高收益股票在利率下降和低利率环境下是有吸引力的。许多投资者相信，在利率上升期间，高收益股权证券和房地产投资信托基金（REITs）的吸引力相对较小，因为利率上升环境可能对股票的潜在价值产生负面影响。正如利率上涨降低了债券市场价格的现值一样，投资者觉察到利率上升将对股票的基本价格产生相同的影响。然而，众多研究表明，NAREIT 股权指数产生的总回报与不断变化的利率的相关性，比标准普尔 500 指数或长期政府债券的相关性要较低。例如，优尼博览（Uniplan）房地产顾问完成的一项研究表明，1989 年 1 月至 2005 年 6 月，政府债券与标准普尔 500 指数之间的相关系数为 0.42，而 NARE-IT 股权指数的总回报与政府债券的相关系数为 0.24。这表明，与普遍的观点相反，房地产投资信托基金（REITs）对长期利率变化的敏感度，比房地产投资信托基金（REITs）与更广泛的股票市场的敏感度要低。

相关系数：显示两个或更多个随机变量的相互关系的统计测量方法。该数字表示一个变量的单位变化有多少是由另一个变量的单位变化引起的。相关系数 1.0 是完全相关，每一个变量都同样运动；相关系数 -1.0 是表明一个变量与另一个变量的移动方向相反。

房地产投资信托与其他子市场的相关性

第三章和第四章显示，房地产投资信托作为资产类别，与一般股权市场和大盘股的相关程度低。值得注意的是，以标准普尔 500 指数为代表的大盘股市场可分为多个子类，可以进一步比较房地产投资信托与市场其他子行业的相关性。在回顾表 5 - 1 时，房地产投资信托基金（REITs）与标准普尔 500 指数中的技术类股票的相关性，比与其他行业的相关性要低。理论上，如果资产类别之间缺乏相关性，就可以将这些证券融合到投资组合中，既降低风险又不牺牲回报。如第三章所述，这是现代投资组合理论的基石。当负相关性的证券用于降低投资组合风险时，提供了最高程度的好处。负相关意味着当一种证券的回报上升时，另一种证券的回报为负数或者下降。需要注意的是，房地产投资信托基金（REITs）和科技股、通信服务、医疗保健行业，在一段时间内都是负相关。这种关系对于投资组合可能包括技术，通信或医疗保健相关行业的高头寸的投资者来说，尤其重要。

通货膨胀和房地产投资信托基金（REITs）

房地产和房地产投资信托基金为通货膨胀提供了对冲手段。在通货膨胀上升的环境下，房地产和房地产证券的价值可能会增加。在通货膨胀率较高且不断上升的时代，投资者历来都改变其配置策略，增加对房地产资产类别的投资。相比之下，国债和固定收益证券等债券的绩效在通货膨胀较高且不断上升的环境下，都很差。因此，在通货膨胀预期较高的背景下，固定收益投资组合的投资者可能想用房地产投资信托基金（REITs）来替代高收益组合。

表 5 – 1 　　　　　 相关系数 1995 年 1 月至 2005 年 6 月

相关系数	NAREIT 股票	标准普尔 500	能源股票	材料类股票	工业股票	可选消费	消费必需品	卫生保健	金融股票	信息技术	公用事业
NAREIT 股权	1.00										
标准普尔 500	0.24	1.00									
能源股票	0.39	0.56	1.00								
材料类股票	0.37	0.62	0.63	1.00							
工业股票	0.33	0.87	0.64	0.76	1.00						
可选消费	0.19	0.85	0.41	0.60	0.78	1.00					
消费必需品	0.24	0.47	0.32	0.38	0.49	0.35	1.00				
卫生保健	0.11	0.51	0.34	0.19	0.41	0.31	0.65	1.00			
金融股票	0.34	0.78	0.55	0.59	0.74	0.69	0.59	0.54	1.00		
信息技术	0.02	0.79	0.28	0.32	0.50	0.63	0.04	0.16	0.34	1.00	
公用事业	0.37	0.22	0.48	0.23	0.37	0.08	0.29	0.32	0.38	– 0.08	1.00

注：收入：房地产投资信托提供可靠的当前收入。

平均年回报：13.8%。

平均年收入：8.1%，年总回报的 59%。

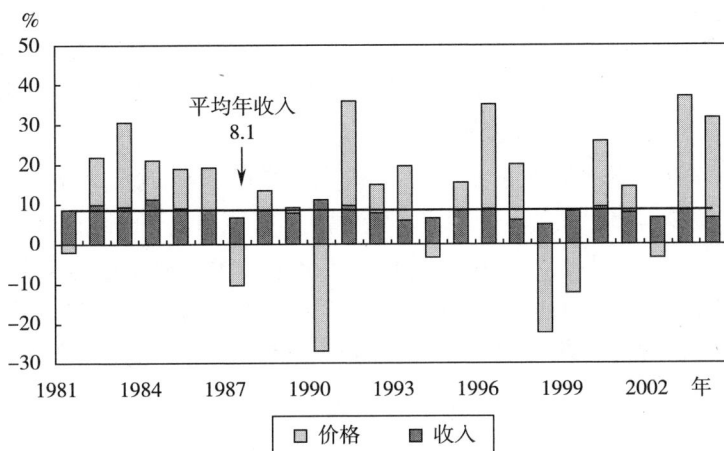

资料来源：NAREITs.

图 5 – 1　股权房地产投资信托基金（REITs）年回报（1981 ~ 2002 年）

就像债券一样，房地产投资信托基金的总收入很大一部分来自投资组合的股息总回报。然而，与债券的情况不同，房地产投资信托的股息往往随着时间的推移而增加。自 1981 年以来，平均年收益回报率为 8.54%（见图 5 – 1）。此外，NAREITs 股票指数的股利增长率自 1994 年以来已经超过了通货膨胀率的每年增长率。

应税投资者考虑事项

房地产投资信托基金（REITs）的现期高股息收益率可能对于纳税投资者的投资组合是不利的。对于所得税目的，房地产投资信托的股息分配可能包括一般收入，资本回报和长期资本利得。当房地产投资信托基金（REITs）掌握在应税账户手中时，房地产投资信托基金（REITs）相对于其他普通股票来说存在劣势。对于应税投资者而言，房地产投资信托（REIT）持有人所预期的总收益的最大部分是股息收益率，而普通股票收益主要由股票升值构成。升值的股票需要持有时间足够长，时间长到能够满足长期资本利得的要求。长期资本利得的当前税利最高为 15%。房地产投资信托基金（REITs）的回报，如果有如此高的股息收入反映为当前收入，可能会增加应税投资者的边际税率。

然而，房地产投资信托（REIT）股票确实为应税投资者提供了相对优于其他公司的高收益股票和股利，也优于政府债券。每年从作为资本回报发行的房地产投资信托（REIT）中获得高额红利并不罕见。股本型房地产投资信托（REIT）价格指数与消费者物价指数（月度）的资本部分回报，即股息，目前尚不向股东征税，而是减少股东的股票成本，并延期纳税，直至股东最终出售股票为止。如果股票持有期足够长，长到能够满足长期资本利得的要求，那么，以降低成本名义出现的股息回报部分的最高税率目前为 15%。这是一种有利的情形，即收入型投资者现在可以花掉现有的利息收入，并有机会将针对当前收入（译者注：REITs 的股息）的一部分税款推迟到未来某一天。不仅是递延税款，投资者可能有机会按照长期资本利得税率（译者注：相对来说较低）对股息的资本回报部分纳税。

如前所述，为了所得税目的，支付给房地产投资信托基金（REITs）股东的股利包括一般收入，资本回报和长期资本利得。如果房地产投资信托（REIT）从房地产投资组合中出售房地产而获得了长期资本利得，则可以将纳税年度的部分股息指定为长期资本收益分配。该部分股息是以较低的长期资本利得税率向股东征税的。

据估计，历史上，房地产投资信托（REIT）股息的资本成分回报率通常约占全部股利回报的 30%。值得注意的是，总的百分比近年来有所下降，因为房地产投资信托基金（REITs）减少了付给投资者的比例，而将资本保留在房地产投资信托（REIT）运营结构内。因此，应税投资者可能会考虑房地产投资信托基金（REITs）高额现期股利收益的影响。然而，高收益率应考虑到房地产投资信托（REIT）股息通常事实上是以股东的长期资本利得的形式发放的。在某种程度上，这可为直接投资于房地产投资信托（REIT）的个人投资者提供适度的税收优惠；他们可能直接投资于房地产投资信托基金（REITs），而不是其他高收益证券，如债券或业主有限合伙（Master Limited Partnership，MLP）。

净资产价值周期

包括股票、债券或房地产相关证券在内的资本市场，历史上经历了能够吸引相当可观的新资本的时期。这导致估值上升到高水平，例如 20 世纪 90 年代后期的互联网股票泡沫，或 20 世纪 70 年代初的股市泡沫。相反，还有其他时期，资产类别不受人们的欢迎，从而造成估值非常低，例如20世纪90年代初的房地产市场。房地产是一个周期性行业，这些估值极值可能被认为是周期或均值回归的情况。无论在哪种情况下，投资者通常都希望通过在各种资产类别之间转换其投资组合，利用估值差异来寻找低买高卖的机会。

在考虑房地产投资信托基金（REITs）投资时，将房地产投资信托基金（REITs）的总价值作为一种资产类别，区别于实际房地产的净资产值，可能是很有用的。历史上，在净资产价值大幅折让交易之后的房地产投资信托基金（REITs），绩效往往较高。

有机会以其资产净值的折扣购买房地产信托基金（REITs），据说这是一个在华尔街购买比在大街上购买的房地产更便宜的机会。另外，当房地产投资信托基金（REITs）以资产净值大幅折让后，股息率通常高于房地产集团平均水平。这提供了"付费等待"的机会。往往如预期的那样，房地产价值最终恢复到私人市场水平的估值价格，或者回归到估值水平。从时间上看，当房地产投资信托基金（REITs）以相对于资产净值的较大折扣进行交易时，将资金重新定位到房地产投资信托资产类别中；当房地产投资信托基金（REITs）市价存在相对于资产净值明显的溢价时，将资金转移出房地产投资信托（REIT）资产类。这是房地产投资信托（REIT）市场的简单的优秀的择时指标。然而，应该指出的是，作为资产类别的房地产应是长期投资。

房地产投资信托（REIT）理念：将您的房子作为房地产投资

投资者经常问：我应该把我的房屋纳入房地产投资配置吗？

简单的答案是否定的。虽然住房是房地产，但它应该被视为个人资产负债表上的消费项目。它不产生现在回报，必须出售才能实现收益。然而，值得注意的是，单户住宅房地产与股票、债券以及房地产投资信托基金（REITs）之间的相关性小。所以，拥有你的住房，有助于继续资产组合多元化的过程。

结论

有多种方法将房地产投资信托基金（REITs）融入资产组合。投资者可以选择直接投资于房地产投资信托基金（REITs），或使用由专业从事房地产行业的投资组合经理专门管理的账户。房地产共同基金、房地产 UITs 和 ETFs 为小额投资者通过资金池集中投资房地产投资信托基金（REITs）提供了机会。将房地产投资信托基金（REITs）纳入投资组合应根据当时的经济环境考虑。房地产投资信托基金可以对冲通货膨胀，以及其与其他资产类别的相关性低的事实，使其在多元化投资组合中特别有吸引力。与海量资本市场的技术，通信和医疗保健行业的相关性特别低，这一点也使得房地产投资信托基金（REITs）受到那些在这些领域头寸过多的投资者的特别兴趣。对于债券市场头寸较高的投资者来说，由于房地产投资信托基金（REITs）对利率的敏感度较低，当考虑到房地产投资信托基金（REITs）的当期高收益率时，房地产投资信托基金（REITs）可能会为固定收益组合多样化提供一些有吸引力的机会。由于房地产投资信托（REIT）股利结构固有的潜在税收延迟优势，应税投资者可能投资于房地产投资信托基金（REITs），而不是股票市场的高股息子市场。

记忆要点

- 大多数资产组合中，5%～20% 房地产投资信托基金（REITs）的资产配置将会增加组合的回报，并降低组合的风险。
- 投资政策声明反映了投资者的长期需求和目标。
- 理性投资者寻求增加投资组合的总收益，同时降低总风险。
- 当房地产投资信托基金（REITs）被加入多种类资产的投资组合时，组合的波动性降低，总回报增加。
- 将房地产投资信托基金（REITs）纳入多元化投资组合的基本策略有五个：
  1. 直接投资（Direct investment）。
  2. 管理账户（Managel accounts）。
  3. 共同基金（Mutual Funds）。
  4. 房地产单位投资信托基金（UITs）。
  5. 交易所交易基金（ETFs）。
- 投资组合政策受投资者预期的影响，房地产投资信托基金（REITs）应该考虑这一点。

- 房地产投资信托基金（REITs）对利率变动敏感度低。
- 房地产投资信托基金（REITs）可以对冲通货膨胀。
- 房地产投资信托基金（REITs）与某些股票子市场呈负相关。
- 房地产投资信托基金（REITs）可向某些应税投资者提供适度的税收优惠。

第二部分

房地产经济与分析

第六章　房地产市场特征

20 世纪 70 年代，房地产有着同大麻在 60 年代一般的重要意义与地位。（罗恩·科斯洛）

在投资者评估房地产投资信托（REIT）之前，他们需要了解特定房地产投资信托（REIT）运营所在房地产市场的供求特征。在当地房地产市场，供应通常可以定义为目前可用于租赁的空间，加上可用于转租的空间，还有新建的空间，以及即将腾空的空间。总体反映了当地房地产市场供应空间。当地房地产市场对空间的需求一般来自正在形成的新企业、现有企业的扩张、新进入该地区的企业，以及净新住户（译者注：新进入的与新离开的住户之差）的形成，减去关闭，搬迁和规模缩小的企业。这些总体上反映了该区域内对空间的总边际需求。简单来说，供应是可用的总空间，需求是需要的总空间。归根结底，当地房地产市场的特定物业类型的供给与需求推动着房地产估值。

房地产市场动态

当地房地产市场动态是由特定物业类型的供需驱动的。影响当地市场供求的因素有很多。价值观普遍受到商业活动和人口增长的一般水平的影响。利率趋势对商业活动的影响，因此它也对房地产市场动态产生一般影响。

住宅市场和商业房地产市场与整体经济变化的关系有所不同。住宅市场历来领先于整体房地产市场进入或者退出衰退期。相反，商业房地产市场倾向于跟随整体经济，而不是引领整体经济。虽然房地产受到整体经济的影响，但它本质上是地方性的。地方一级或该地区的经济活动对财产估值的影响要大于总体经济活动。区域经济的健康通常在一定程度上取决于该地区的业务多样性和就业基础。

区域监管环境是影响房地产活动的另一个因素。许多城市采取低增长或零增长策略，使得开发新的房地产十分困难。限制使用土地，限制使用城市公用设施，以及收取开发费用、学费和相关活动费的限制，都是增加了开发的困难和限制开发。一些地方政府管制租金，规定新开发活动要考虑低收入住房。这样做降低了房地产开发总体预期回报，从而降低了某些地理区域内房地产开发活动的增长。因此，除了影响房地产的广泛经济因素外，许多非常具体的地方因素也会影响房地产市场的表现。事实上，当地市场的供求特征对地方一级的房地产估值影响最大。

任何当地房地产市场都可以看作是象限图（见图6-1）。在四个象限的交叉点，当地市场的房地产需求和供给处于完美的平衡点。该交叉点可以扩展以创建平衡区域。这个区域反映出一个市场动态。一般而言，可获得的可见到的房地产供应，与当前可预期的房地产需求大致相等。当特定地方市场的特定物业类别的供求处于均衡区时，物业和租金价格往往稳定在市场水平上。

象限一 恢复阶段 •需求开始超过供应 •租金开始上涨 •物业价格回升	象限二 供应阶段 •较高租金导致新建建筑 •租金持续上涨 •投机建筑开始 •供应开始超过需求
象限三 翻转阶段 •新供应超过需求 •空置率开始上升 •租金开始下滑 •物业价格软化	象限四 谷底阶段 •租金下降或稳定 •没有新的有意义的建筑活动 •高于平均水平的空置率 •软经济环境

图6-1 房地产市场周期

当我们继续检查房地产市场周期象限图的四个象限中的每一个时，我们可以看到归因于每个象限的特定系列的特征。象限一（见图6-2）表示特定市场或物业类型的房地产周期的开始。这是需求开始超过可用供应的阶段。它有时被称为复苏阶段。在这个阶段，由于需求开始超过当地市场的供应，租金开始上涨。租金将继续增加到新的水平，此时，物业开发的经济收益率将足以使开发商开始考虑向市场增加物业供给。个人房地产的价格也随着入住率的增加和新空间的供应减少而开始上升。随着空置率下跌和房地产供应紧张，租金可能迅速上涨。在某些时候，较高的租金会导致爆发式的新的建设活动，导致进入第二象限（见图6-3）。这是本地房地产市场的开发或供应阶段。如果融资可用，投机开发商预计租金持续上涨，开始施工建设，最初很大程度上是投机的。随着供应量的不断增加，当地市场脱离平衡区，现有房子开始超过当前的房子需求。当这些情形发生的时候，租金的增长率开始下滑，一直在下降的空置率，开始缓慢上升。随着越来越多的房子进入市场，租金增长开始放缓，空置率开始快速上升。

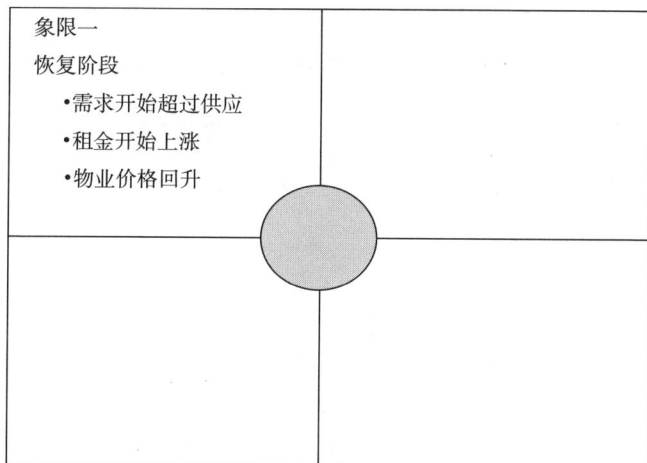

象限一

恢复阶段

- 需求开始超过供应
- 租金开始上涨
- 物业价格回升

图6-2 房地产市场周期：第一象限

当地市场现在进入房地产周期的第三象限（见图6-4），这是市场的过渡阶段或下降周期。新的房地产供应以比其可以吸收更快的速度到达市场，开始将租金向下推。空置率开始高于市场平均水平，导致物业价值开始走软。随着市场继续疲软，物业业主认为，如果租金不具竞争力，他们将很快失去租户或市场份额。他们开始降低租金，试图保留或吸引租户，并帮助覆盖经营特定地产的固定费用。这一阶段的特点还在于商业房地产的交易活动很少或根本没有。由于前景不明朗，买家愿意出的价格，与卖家自己觉得物业的价值之间的差距越来越大。

象限二
供应阶段
- 较高租金导致新建建筑
- 租金持续上涨
- 投机建筑开始
- 供应开始超过需求

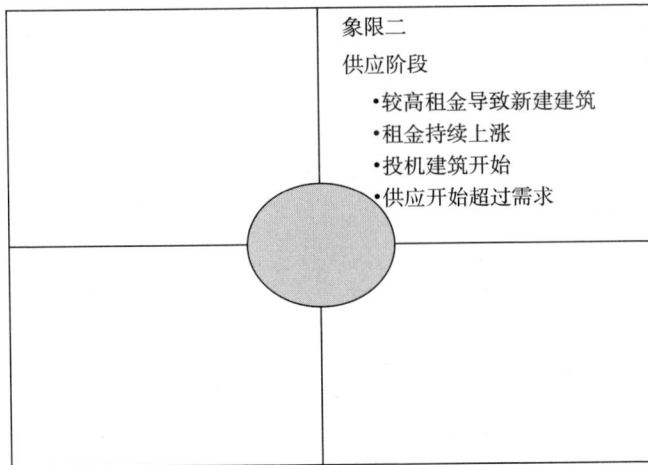

图 6-3　房地产市场周期：第二象限

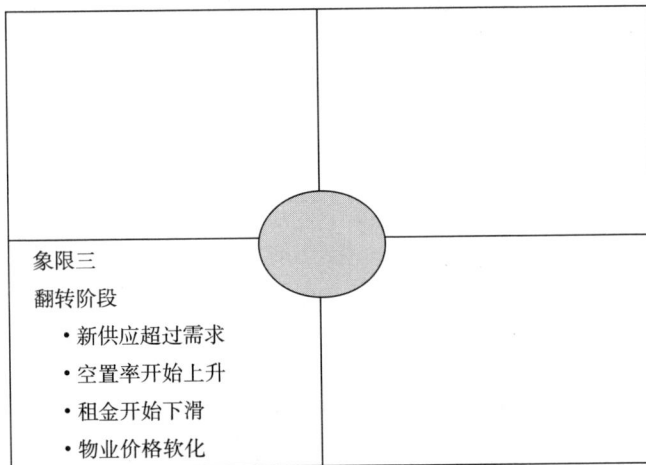

象限三
翻转阶段
- 新供应超过需求
- 空置率开始上升
- 租金开始下滑
- 物业价格软化

图 6-4　房地产市场周期：第三象限

　　这将导致市场进入房地产周期的象限四（见图 6-5），或者说谷底阶段。在这个阶段，租金下降到更低的水平，没有新的空间供应活动，当地市场可能会有大量的空置空间。并且这可能会伴随着较低的经济活动，或疲软的本地空间的市场需求的出现。这往往会延长低谷阶段，并使危机发展更加纵深，后果更加严重。随着新建建筑的消耗和需求的增加，市场周期最终达到底部，并开始吸收现有供应，将周期推回到第一象限。

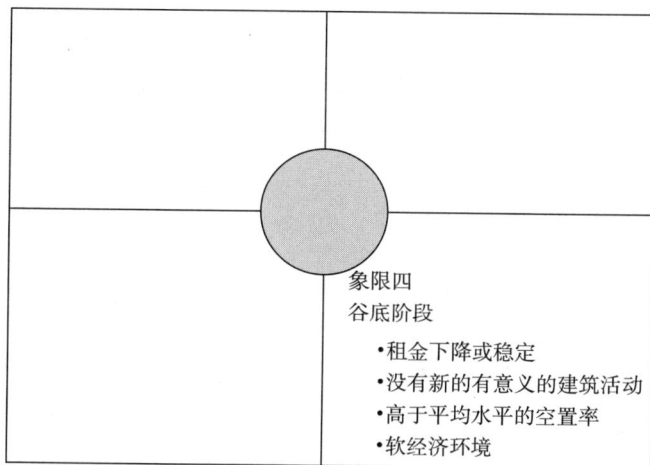

象限四

谷底阶段

- 租金下降或稳定
- 没有新的有意义的建筑活动
- 高于平均水平的空置率
- 软经济环境

图 6 – 5 房地产市场周期：第四象限

在理论上完美的市场上，供求将保持在均衡区，房地产回报长期保持稳定。然而，在现实世界中，当地市场供求的综合因素可能会对当地市场的房地产周期产生影响。当地市场不太倾向于为建设或创造各种建筑目的而提供补贴的市场，相比倾向于快速不妥控制开发活动的市场，更可能维持更久的供求平衡状态。

本地房地产市场可能不会从第一象限顺序移动至第四象限。本地需求和供给可能会波动，导致当地市场动态进出平衡区。从分析的角度来看，通常可以确定给定房地产类别在当地市场中占有哪个象限，并确定供需基本面正在向哪个方向发展。房地产界管理专业人员的主要职能之一就是了解当地市场所处的房地产周期位于哪个阶段。

市场动态趋势

一个普遍的事实在房地产周期方面是显而易见的：在过去的十年中，这个周期已经不如过去那么严重了。如第二章所述，更高的房地产贷款标准，伴随着出资方来自商业抵押支持证券市场的公共市场纪律，导致房地产周期比过去要温和得多。这个市场纪律有助于大多数当地房地产市场避免了在 20 世纪 90 年代之前出现的严重的经济繁荣与萧条周期。另外，推动当地房地产经济发展的地方经济因素经常创造了一系列的当地市场，这些市场在任何时候都可能在房地产周期的任何象限。如果当地市场处于象限一或象限二或平衡区，则房地产环境通常被认为是积极的。当市场处于第三或第四象限时，实际情况被认为是负面的。要记住的是，在循环的过程中每个阶段都有机会。

房地产投资信托（REIT）理念：房地产周期中的机会

在房地产周期的每个阶段，房地产投资信托（REIT）投资者都有机会。

● 复苏阶段。不良基本面通常提供了以大大低于房地产投资信托基金（REITs）投资组合净资产价值的价格购买房地产投资信托基金（REITs）的机会。

● 供应阶段。良好的房地产投资信托基金（REITs）将有机会在复苏的市场区域提高租金并建立新的物业，从而推高盈利。

● 过渡阶段。良好的房地产投资信托（REIT）管理团队将是非核心持股的积极卖家。他们认为房地产价格在当地市场达到顶峰，必须获得收益并保护投资组合业绩。

● 谷底阶段。对于耐心的价值投资者来说，这是购买房地产投资信托基金（REITs）的好时机。资本充足，管理良好的房地产投资信托基金可以用低于其建筑物实际重置成本的价格进行交易，并且通常会在房地产投资信托（REIT）股票上获得高收益。

虽然房地产市场一般是由美国整体国内经济的增长推动的，但任何特定的本地市场都可能随时处于任何阶段。由于这种动态与当地市场和每个物业集团分不开，因此，可能很难概括整个房地产市场在特定时期处在周期的哪个象限。休斯敦的工业地产可能供给不足，而丹佛则是公寓供给不足。尽管同时期旧金山酒店客房供应过剩，亚特兰大的办公空间过多。这表明，在某些特定时间，当地市场对于房地产投资者来说，一些市场和某些房地产类型通常都还是有机会的。本地市场知识是进行这些具体市场决定的关键。市场知识和技能是高质量的房地产投资信托（REIT）管理团队为房地产投资带来的。此外，房地产投资信托（REIT）投资组合是由不同物业类型和地理区域多样化的结果，使其所有者可以减少可能由于当地市场动态变化而产生的风险。房地产投资信托的股东可获得流动性的优势是直接房地产投资者所没有的。如我们前面的例子所示，亚特兰大的商业办公市场正在迅速恶化，供应看起来好像会长期超过需求。房地产投资信托（REIT）股东可以清算拥有亚特兰大房地产的房地产投资信托（REIT）的股票，并在当地商业办公市场重新投资，因为本地的商业办公供求关系似乎好得多。对于直接拥有亚特兰大办公大楼的业主，虽然可以选择卖出，但这通常不实用。由于直接出售房地产投资组合所涉及的时间和费用，实际可行的考虑通常要求，在当地市场周期的下降阶段，所有者不要出售。直接所有者通常会通过持有多个不同地理区域的房地产，来减轻本地市场周期的后果。此外，本地业主可能会投资本地市场上不同类型的房地产，以帮助管理本地市场风险。

本地市场信息动态

房地产企业具有独特的制度特征，将其与非房地产企业区分开来，并赋予投资者在当地房地产市场交易的比较优势。这些制度特征也给当地房地产企业带来了可能不在当地房地产市场经营的房地产企业的优势。这些优势通常被称为市场本地性和市场分隔优势。市场本地性优势表明，本地房地产市场的参与者有一定的信息优势，导致了房地产市场的本地属性。有一系列因素造成了市场地位优势，如缺乏标准化产品，缺乏信息清算交换中心，以及非本地企业开发当地市场数据所增加的研究成本。此外，对当地政治进程的普遍了解也创造了地区外房地产企业可能不会享有的本地市场优势。在这些条件下，本地市场的信息费用不仅昂贵，而且也不是所有参与者都可以获得的；然而，当地的房地产公司很可能熟悉并具有信息优势。

市场分隔表明，不同的细分市场需要不同类型的专业知识和管理技能，这些专业知识和管理技能可能非常有用，并且不太容易从其他细分市场转移过来。管理技能有助于减少源于业务风险的不确定性，这些业务风险是由实际经营不动产造成的。这表明，由于通过时间和经验获得了卓越的管理专长，专门从事特定房地产业务的房地产公司可能获得竞争优势。这种市场细分知识直接解释了古老的格言："如果我已经知道那么困难的话，我决不会尝试第一个做这件事。"因此，有能力开发优越的本地市场的知识，或拥有这种知识的人，可以在房地产投资方面创造显著的优势。

考虑当地的房地产开发商，他们通常参加城市规划委员会会议，以及地方与州直辖市的城市发展和城市规划会议。正式或非正式地，开发商可以通过规划过程获得深层次知识，能够理解道路延伸或扩大市政服务等某些项目是长期计划的一部分。同一个开发商可以使用这些信息，联系可能不在当地市场、不具有当地知识的土地所有者，并以当前市场价格提出购买土地。这笔交易由于没有任何房地产开发商拥有相应的知识而缔结了。后续的道路扩展或地区开发可能会变成房地产开发商一个高利润的交易，因为该开发商拥有一个不知情的观察者可能无法获得的深刻的本地市场知识。当地房地产经营者正是拥有这些具体的信息优势。

地域多样化可以提高房地产投资组合的结构效率。事实上，研究表明，区域多样化能够比物业类型多样化提供更多的投资组合利益。组合内的地域多样化也提供了一定程度上的经济多样化。这种经济多元化起因于与地理区域有关的特定行业经济风险。例如，加利福尼亚州圣何塞与旧金山湾地区被广泛认为是互联网公司活动的地理中心。将圣何塞与密歇根州的底特律市比较，底特律是与美国汽车行业相关的经济活动中心。与纽约市相比，纽约市经济多样化，也被视为金融界的活动中心。现在与华盛顿特区相比，华盛顿特区是联邦政府的活动中心。这些地理位置中的每一处对一般经济环境变化的反应是不同的。因此，跨地域的多元化可以在房地产投资组合中提供一定程度的经济多样化。对于直接房地产投资者而言，这种类型的地理多元化通常是不可能的，除非他们的投资规模非常大。然而，投资于房地产投资信托基金（REITs）的投资者，可以通过适度的投资来实现地域多样化和房地产类型多元化，同时，享受直接房地产投资者无法获得的流动性水平。

房地产数据资源

有广泛的数据来源可用于研究当地市场的房地产活动。大多数数据采用二手数据的形式，这些二手数据是为了其他目的而收集的，通常用于审查。二手数据通常比原始数据成本更低，获取时间更短。一般来说，这些二手数据可以通过图书馆或专门从事搜集这些信息的公司，广泛地低成本地获取。原始数据可以通过通信或观察来收集，旨在回答具体的研究问题。本地房地产经营者往往会收集原始资料。原始数据可以采取由当地经纪公司进行的租金调查或市场调查的形式。这些第一手数据对于评估本地市场的一手的供需基本面是有价值的。有许多一手的和二手的数据源汇编成了值得查阅的当地市场统计数据。

所有数据最终都是主观的。数据的质量和纯度通常被认为是数据来源的函数。在最终的分析当中，数据必须在当地市场动态的背景下进行分析和解释。这需要对市场和数据作出假设，最终得出对特定房地产类型的本地供给与需求市场活动的预测。这种类型的预测和分析将在第七章的开发过程中详细论述。

记忆要点

- 供给与需求决定了本地房地产市场的价值。
- 区域内的商业和经济增长推动了房地产业的整体需求。
- 开发活动是新的房地产供应的主要动力。
- 本地区域的监管环境将影响该市场的房地产开发活动。
- 房地产市场周期可以分为四个阶段：1. 复苏阶段，2. 供应阶段，3. 过渡阶段，4. 谷底阶段。
- 房地产企业具有独特的制度特征，使其与本地非房地产企业相比具有优势。
- 房地产投资信托（REIT）管理提供本地市场知识优势。
- 流动性使房地产投资信托（REIT）在处理本地市场周期时具有优势。
- 可以找到各种记录当地市场供求动态的信息来源。

第七章 房地产开发

诀窍是确保你在等待繁荣到来时，没有死去。（李·艾柯卡，1973）

房地产开发是房地产行业的高风险博弈游戏。当大多数人想到房地产时，他们把它与房地产开发相联系。部分原因是因为唐纳德·特朗普和约翰·泽肯多夫这样的名字。每个地区的房地产市场似乎也都有特朗普风格的房地产开发商，只要是更大更好的项目，一定少不了特朗普。创业精神与自我的混合融入了房地产业的发展。其成功的关键是确保房地产开发活动涉及更多的创业精神和更少的自我意识。

房地产开发的过程

房地产开发风险很高，但若成功实施，回报规模也很丰厚。如果您想参与房地产投资，开发过程是值得了解的。开发本质上是当地房地产市场的供应端。理解了开发过程也可以进一步了解当地市场供给与需求的动态特征。为了对当地市场作出准确的评估，你需要评估当前的开发活动，以及潜在的竞争性建筑活动的影响。后者在当地市场可能并不明显。对开发过程的透彻了解，可以更好和更完整地评估当地市场的经济状况。

历史上，具有最佳盈利表现的房地产投资信托基金（REITs）通常将开发活动作为其业务战略的重要组成部分。开发项目中可获得的增量收益超过现有物业的可比市场收益，使得房地产开发成为房地产投资信托基金（REITs）的高附加值部分。例如，在特定当地市场，现有工业仓库的无杠杆的现金回报可能为 9.5%。开发商可能会在同一市场看到建立类似工业仓库的机会，其中预计无杠杆的现金回报率为 14.5%。因此，部署资本有两个机会，或者以 9.5% 的最小风险，或者可能达到 14.5% 的潜在回报的开发项目。在这里，REITs 管理层的专业知识，或者增加价值，为股东争取更高的总体回报，或者志大才疏，使股东的资本面临风险。

房地产开发本质上是非常创业的。不同类型的开发活动有明显的差异：开发仓库与开发办公室不同，开发公寓与开发酒店也不同。值得注意的是，现有物业的实质性重建如果不是比新开发项目难的话，至少也是难度一样大。开发是房地产的一个方面，必须同时管理最多数量的风险变量。它包括管理无数法律、财务、市场相关和施工等风险的挑战，以及管理项目中许多与人有关的风险。挑战可能是艰巨的。在许多方面，开发房地产就像为零售分销渠道创造新产品。房地产开发商不仅要孕育"概念"，直到建筑完成，更要考虑到"产品"在当地竞争产品之中的定位。

在房地产开发过程中，择时至关重要。开发过程有很长的周期。在某些情况下，大型房地产项目从"概念"到完成（见表7-1）可能需要长达五年的时间。项目一开始需要进行市场分析和位置分析，以确定项目的可行性。这反过来导致控制特定的土地需要谈判。开发活动的初始阶段很容易就消耗12~18个月的时间。

表7-1　　　　　　　　　房地产开发过程开发阶段时间表

活动	预期时间
市场分析	1~3 个月
地理位置分析	3~6 个月
征地（site acquisition）	6~9 个月
授权与规划分区（entitlement and zoning）*	12~18 个月
设计和建造	12~18 个月
租赁	6~18 个月
总计开发时间	40~72 个月

* 有些地方时间更长。

在进行位置分析和土地收购之后，接下来可能是授权过程。正如第二章所讨论的，各个社区对创建新的房地产项目有不同的偏好和不断变化的标准。授权过程运行12~18个月或更长时间并不少见。一旦该项目建设得到授权，施工竣工设计可能需要12~18个月。最后，根据物业类型，租赁活动可能需要6~18个月。当一个项目所有这些都完成，花费三到五年的时间是很平常的事。

房地产周期中，房地产开发活动的时间选择起着重要的作用。由于典型的房地产项目的长研制周期，开发商必须了解本地开发商在项目每个阶段的地位。理想的结果是，开发商在市场非常紧张、产品供应不足的时候，交付项目。最不想要的结果是，择时不佳导致新产品供应时，市场疲软，空缺率上升，需求下降。交付的最终时间可以导致项目财务的成功或失败。

除了地上的房地产活动，开发商可能通过重大物业再开发项目来实现高回报率。这种类型的再开发包括升级未充分利用的财产，或者利用率较低的财产。将大型城市仓库转换为办公空间，或住宅阁楼，可能是具有很大潜力的再开发项目。房地产开发商可能以非常低的成本收购，重建可能会在资本支出后获得大幅增加的收益。与重建活动相关的风险与地上开发活动相似，除了有时候重建包括了额外的设计和施工风险。开发人员只有在实际毁坏开始之后，才会发现问题。大楼可能含有必须适当减轻的有害物质，例如石棉，或发生意外的结构性问题。这些与施工有关的问题可能导致成本提高和工期延误。

惯性

在几乎所有情况下，开发或重建活动都需要克服项目的政治和地方惰性。克服惰性或处理反对项目的意见，需要开发商方面的高水平的处理技巧。在外交方面，开发人员必须善于从重建过程中的所有参与者中，获得最佳结果。他或她也必须是项目的效率斗士，在整个开发过程中不停地销售和推广。在任何特定情况下，开发人员必须知道预期的结果是什么，以及可用于妥协的空间。除了使用外交手段外，开发商还需要知道何时采取诸如诉讼等"硬球策略"。这些因素都必须在项目择时、财务影响和项目可行性的背景下进行度量。

例如，增加园林景观可能会增加项目的总成本，但对整体的时间表影响不大。然而，要求较高的停车场对建筑面积的比例，可能会大大改变项目的财务可行性。好开发商会知道一个项目何时不再可行，并且将终止整个项目，而不是陷入投资资本回报率不足的情形。归根结底，数字必须起作用。

克服授权过程的惰性允许开发人员开始管理开发的动态过程及其相关的风险。这些风险有多种形式，可能包括预租活动、维持足够的财政资源以及开发或重建过程的总体管理。开发商必须能够控制这个非常动态的过程，同时管理好财务和业务风险。

征地

开发过程通常从获取或控制针对预定用途的土地开始。就房地产投资信托（REIT）而言，这可能意味着收购一处房地产或土地，或者可能是房地产投资信托（REIT）已经拥有的土地或建筑物的重建机会。如果征地是过程的一部分，为了避免钉子户（Holdouts），快速并安静地获得土地至关重要。

> 钉子户：当关键的房地产所有者拒绝以任何价格出售财产，或者要求的价格如此之高，以至于项目在财务上不可行。快速并安静地获取地块，避免钉子户，是房地产开发过程的关键部分。

或者，房地产开发商和房地产投资信托基金（REITs）可能拥有土地存货。这些土地库存通常毗邻开发商或由房地产投资信托（REIT）所拥有的现有房地产项目的土地。这些土地通常有权建设，以库存的形式持有，等待支持开发活动的市场条件具备。预备权允许开发人员大大缩短项目的周期时间，因为位置分析、授权、征地过程已经基本完成。通常，这片土地是永久出售的，一个有兴趣的买家可以获得土地，开发商将建造一个适合买方的建筑物或综合体。

分析师们在分析房地产投资信托关于土地库存优点上有一些争论。有人认为，土地库存维持成本高昂，牺牲了房地产投资信托（REIT）现有房地产组合的整体表现。另一部分人认为，土地库存为房产开发，以及房地产投资信托（REIT）的投机性建设提供了机会。当市场条件支持这种活动时，较高的潜在回报值得股东承担风险。在大多数情况下，附加值是房地产管理团队如何巧妙地处理土地库存能力的函数。在许多情况下，土地是根据有条件的购买协议或者或有购买协议获得的。这通常以符合一系列条件为前提，以便促成最终的土地交易。在大多数情况下，开发商向土地所有者支付费用，以获得某些条件下征收土地的期权。该期权具有有限的期限，开发商必须在期权期限结束时，完成这些条件的过程。否则，开发商将冒着丧失控制土地能力的风险。在其他情况下，土地所有者可以参与开发，以土地与开发商创建合资企业。

大型开发项目也可以使用分期付款。这意味着每个阶段的开发完成后，土地所有者都会得到支付。这样，卖家可能会收到月期权费用，以补偿随着时间推移的付款方式，以及土地的整体价格升高。

土地也可以通过称为"征用权"的过程获得。在某些情况下，当钉子户威胁到社区所接受的大型项目的可行性时，这种情形就会发生。如果钉子户控制了关键资产，当地市政府可以利用其征收权来获取该项目，从而允许项目向前推进。

有时征地并不是真正的收购。有时，会出现土地上的建筑物被长期租赁的情况。在建设用地稀缺的地区尤其如此。在这种情况下，地主可能不是出售资产，而是倾向于从事长期租赁。租赁通常以允许业主参与成功的房地产项目的方式进行。在许多土地租赁中，年租赁付款包括由土地所有者参与相关物业的上升的租金。

授权过程

克服惯性以允许财产以最高和最好程度被利用开发，通常是授权过程的开始。地方政府经常认为开发活动是对现状的威胁，一般不愿支持新的开发项目。另外，很多当地居民将开发活动视为"事不关己"的态度。组织良好的市民团体通常全部反对开发项目。在许多情况下，这些情况决定了地方政府部门必须权衡税收收益与社会标准的关系，以确定项目是否继续进行，以及以什么形式进行。这是因为几乎所有项目都涉及与当地建筑法规的一些差异。完全符合所有本地规划分区标准和建筑法规的房地产项目通常不多。一般来说，为了使项目进展，开发人员需要进行一些调整或一些适当的改变，以便项目能够顺利进行。这可能是调整所需数量的停车位，所要求的最高高度标准的例外，或以特定的方式改变暴雨或排水系统路线。在所有情况下，大多数项目需要一种或另一种形式的差异。

当涉及许多社区的规划分区例外情形时，一些项目往往比其他项目更容易谈判。一般来说，所需的变化规模越大，从政治角度来看越困难。为了克服这些授权问题，大多数开发商试图与地方政府组建政治联盟。再次，在授权过程中，开发商的外交和政治技能需要达到最佳状态。通常情况下，在授权阶段，时间因素是合同至关重要的一部分。在这个开发阶段，开发商需要继续协商向前来维持项目。在大多数情况下，为了节省时间和推动项目，妥协是必需的。一个好的开发人员预先就会知道可能需要作出什么妥协，以及他或她愿意为推动该项目作出什么妥协。

在许多情况下，房地产投资信托基金（REITs）和大型土地所有者的重点是在土地库存方面进行改进以增加价值。管理层可以选择一片房地产，并促进修改必要的规划分区。此外，某些级别的基础设施，如下水道和水系，需要随着规划分区的变更而予以安装。那么，这块土地则被认为是已经做好了开发的准备。一旦市场条件好转，潜在的项目就会上马。

授权过程既是科学，也是艺术。克服惯性和人们对项目的反对，获得项目的政治支持，允许项目对当地法规的适当改变，这些都需要开发商具有政治和外交技能。使项目按时推进，理解所涉及的财务风险，二者需要高水平的风险管理技能。

可行性规划与生产

规划和设计是房地产开发获得授权后最重要的工作。在规划过程的早期，开发人员需要在更广泛的社区范围内定位该项目。这意味着开发人员需要与社区合作来了解哪些群体对项目感兴趣，哪些是兴趣所在。与社区的沟通有助于项目定位，并建立政治联盟。

一旦制订了总体规划，设计过程就可以开始了。这个过程往往很难理解，特别是对于那些不参与房地产生意的人来说。这是很复杂的，涉及很多利益方的高度投入。建筑师经历一个旨在决定需求和方案的发现过程，然后，将这个发现贯彻到各个阶段。为了制订具体的解决方案，这些阶段需要诸利益方的投入。

该过程的第一阶段，称为规划，要定义设施将用于服务的目的。根据项目的大小和规模，规划阶段可能是正式的或随意的。规划过程试图从最终产品的所有本地用户收集输入信息，并将该输入信息纳入设计当中。

该过程的第二阶段被称为布局阶段。规划阶段的信息用于制订项目的初步计划。建筑师试图确定"什么要流到哪里"，流量如何流经或环绕建筑，哪些材料适合项目，以及可允许的项目规模。

第三阶段，称为设计开发，建筑师使用规划和初步设计阶段的反馈信息来制订更明确的计划。在设计开发阶段有一种成本效益方法。从财务的角度来看，项目成本在这个开发阶段开始考虑。由较便宜的材料代替更昂贵的材料，根据预算考虑添加或减少便利设施。在这一阶段结束时，有一组相当完整的开发图纸，包含了详细的细节，说明了设施将如何运作。

设计图纸随后被翻译成施工文件，也称为工作图纸。这些文件使建筑承包商能够估算建筑成本，并开始估算项目的定价。工作图纸是建筑过程中最复杂的部分。许多其他专家，如现场工程师、结构工程师和机械承包商，对工作图纸都有一定程度的投入。这些分包商由建筑师支付他们的工作报酬。这是大部分设计成本发生的阶段。在许多情况下，房地产投资信托基金（REITs）具有内部人才开发库，可以方便地在很大程度上进行一个新项目的一些工作，如设计和成本等的可行性分析、规划，等等。这是房地产投资信托基金（REITs）的宝贵资源。

在设计过程结束时，开发人员有一套详细的工作图纸。这些图纸包括规格和足够充分的细节，以便建筑承包商对项目的建造成本进行确切的估计。在开发过程中，开发人员必须充分理解施工过程，以管理这些谈判。大多数在开发领域活跃的房地产投资信托基金（REITs）都拥有管理施工过程的内部人才。

此时，招标开始。开发商分发要求分包商出价的文件。反过来说，这些分包商试图以一个足够低的成本投标，以获得这份项目，但却想获得足够高的工作回报。再次声明，这是一个需要高度了解建设过程的领域，以便了解投标，以及为了获得最公平的投标而进行有效谈判的能力。招标过程一旦完成，就需要为项目融资（融资在第九章中有更详细的讨论）。最后，施工过程必须从规划到生产进行管理，以使房地产开发不出差错，并使产品可供市场使用。

增值与风险承担

在房地产投资信托基金（REITs）的世界里，有一个一直进行的关于开发活动的辩论：房地产开发是否为房地产投资信托（REIT）股东增加价值。在大多数情况下，房地产投资信托（REIT）管理层试图通过物业层面的管理活动创造价值，但是，开发层面能够创造价值吗？在稳定的房地产市场环境中，创造额外价值的方法很少。价值创造在于管理人员的技能和他们正确开发或再开发新产品的能力。这一切都归结于风险。低风险的开发活动包括具有高水平的预租赁活动的开发项目。此外，短周期建筑活动的风险较小，例如可以快速地设计和开发的工业仓库，这使得开发商能够在市场疲软的第一个迹象下结束开发活动。投机建设是风险最高的发展活动。然而，风险评估确实需要逐个项目地进行。

　　房地产细分市场在发展风险方面普遍存在开发风险的具体问题。建立在规范之上的办公室，肯定受到经济前景变化的影响；风险也较高，因为开发时间较长。零售购物中心与办公空间有很多相同的问题：开发和建设的时间较长，零售租户不到开业前的六个月内，直销零售商通常不会签约。工业房地产投资信托基金（REITs）面临进入门槛低的障碍。一般而言，工业建筑简单易建，因此具有较高水平的投机活动。公寓由于租户租期短，通常为两年或更短时间，有机会快速从其他项目中捕获租户。不幸的是，租户很快就会在当地的公寓市场上感受到新的公寓供应。如果公寓市场传播这种痛苦速度快，那么，酒店市场传播这种痛苦则是瞬间的。新酒店对当地市场的其他酒店物业影响非常大。自用仓库（Self - storage）的建设周期短，然而，长期才能租赁完毕让开发商可能经历潜在的相当长时间的经济衰退。建造家庭社区也要长时间才能租赁完毕。但是，与自用仓库不同，"制造式家庭社区"的供应通常较为有限，市民"事不关己"心态的政治影响也使"制造式家庭社区"的授权变得更加困难。

评估开发活动

　　评估房地产投资信托的开发活动的最佳方式如下：
- 研究公司的开发历史，以及其如何将开发活动融入房地产投资信托（REIT）的整体业务战略。
- 研究与房地产投资信托（REIT）规模相关的开发活动层次。
- 进行敏感度分析，以检查开发活动产生的结果或风险。
- 逐个项目评估房地产投资信托（REIT）的风险敞口。风险评估应

扩大到物业类别，当地市场上该类型房地产的供需情况，房地产投资信托基金（REITs）的预售活动，开发的预计周期以及项目的预期回报（这些问题在第九章中有更详细的讨论）。

房地产投资信托（REIT）理念：房地产建造商

　　最近，一些开发型房地产投资信托基金（REITs）已成为房地产建造商。房地产建造商开发房地产，建造完成后立即出售，以赚取利润。这种

建造活动可以被视为房地产投资信托基金（REITs）增加盈利的一种方式，同时使资产负债表上的资本不断循环。房地产建造商的建造活动将对房地产投资信托基金（REITs）的运营产生积极影响。然而，高水平的商业性建造活动使得评估房地产投资信托（REIT）房地产投资组合的持续绩效变得困难。可以说，商业性的开发活动具有内在价值，虽然很难评估该活动可能增加的房地产投资信托基金（REITs）市场估值水平。商业性建筑活动增加了风险，但也增加了回报。问题仍然是，增加的回报与承担的风险比较起来，是否划算。

总结

开发活动需要高水平的技能，也需要财力。在许多情况下，开发人员可能拥有技能，但缺乏必要的融资来实施项目。将技能和资本结合在一起，被视为制定房地产开发交易所必需的典型要素。在第八章中，我们讨论了在真实的房地产世界中许多潜在的交易结构。

记忆要点

- 房地产开发是房地产业风险最高的领域。
- 高风险水平与开发活动成功的高潜在回报相对应。
- 开发活动是部分房地产投资信托基金（REITs）业务战略的核心部分。
- 理解开发过程，对分析当地房地产市场至关重要。
- 由于交货时间长，项目择时对房地产开发至关重要。
- 管理房地产开发授权过程，对于开发活动的最终成功至关重要。
- 设计和施工过程需要高水平的风险管理技能。
- 成功的开发活动可为房地产投资信托（REIT）股东增加价值和收益。

第八章 合伙企业（Partnerships）
和合资企业（Joint Vertures）

在第六章和第七章中，我们讨论了房地产界分析当地市场和创造新产品——新的房地产的方法。我们了解到，在估算当地市场上某种特定物业类型的供求动态时，需要高水平的本地市场知识。我们也了解到，开发活动需要本地房地产开发商的高水平技能。事实上，成功参与房地产市场所需的技能和努力，阻止了许多投资者无法直接拥有、经营和开发房地产。

好消息是，大型机构投资者还有其他方式来参与房地产投资过程。这些是更为被动的方法，允许没有前文所述整体技能的机构将资本直接投资到房地产行业。这种被动方式的核心概念，在于将本地市场专家的技能和知识与大机构的资本资源结合起来，成立房地产合资企业。

合资企业和合伙企业如何运作

合资企业（Joint Vertures）或合伙企业（Partnerships）是房地产界将金融资本和房地产专业知识融合的首选方法。有大量的房地产机会用于投资目的，专门用来创造资本，通过合资企业和伙伴关系有效地分配资本。这些企业的范围，从机构资本来源与房地产专家之间形成的直接投资伙伴关系，到投资者群体参与的辛迪加和资金池形式。无论法律形式——合伙、有限责任公司、合资企业、还是某种形式的公私联合——基本理论总是相同的。从本质上讲，项目确认房地产投资者拥有的专业知识——市场知识和经验，并将这些专业知识与股权资本和可能的债务资本结合起来，形成一个普通房地产企业。企业将资源投资于各种在合伙或合资企业意向书或一般声明中同意的财产或房地产开发。常少不了更高层次的谈判和分析的意向书，决定了谁获得报酬，由于合伙企业财务运作取得了成果。更重要的是，意向书决定了每个参与者获得多少报酬，以及付款何时将会发生。

协议的基本规定概述了有关各方的责任和预期。协议定义了项目现金流量的概念，并对其进行了定义和分析；优先回报率的概念得到了详细说明；债务结构和使用债务的限制也概括了；潜在的税收优惠及其分配也达成一致。此外，协议的条款被接受，创业活动的终止条款也表述了。最后，费用、可接受的支出和详细的第三方管理安排达成一致，并在基本合伙或合资文件中披露。

现金流是任何房地产交易的核心。给定交易的房地产合伙人，在项目中经常有有限的个人和财务风险。因此，所有各方都要了解交易结构，并建立一个符合交易各方交易利益的结构。调整利益可以使投资中的每个人都有同样的动机，并且就一个给定项目的方向达成一致。

现金流通常被定义为项目收入减去项目费用，得出产生的净营业收入。通过增加折旧和摊销费用，可以获得现金流量。现金流量是房地产活动实际产生的净现金。在正常的合资结构中，财务参与者从现金流量中优先获得年现金。向该项目投资 100 万美元的财务参与者可以享有每年投资资本 10% 的优先回报。因此，10 万美元的现金流将首先支付给财务伙伴，以满足优先回报要求。

在优先回报率的要求满足后，余下的现金流量在财务投资者与房地产合作伙伴之间的利润分配规则基础上进行划分。由于财务投资者获得较高的净投资回报率，这种超额分布结构可能有几个不同的级别，以提供更高比例的现金流参与。在许多合伙结构中，经过 20% 的优先回报后，现金流余额会分配给房地产合作伙伴。这种现金流安排通常保持原状，直到原始财务投资者通过现金流完全恢复他们的初始投资。那时候，现金流分配可能会转为 50:50 这样的结构，或者允许优先返回给房地产合作伙伴。

需要注意的是，交易往往是在个人的基础上进行协商的，而且没有一个谁获得了多少和在什么时间获得这样的标准格式。这些因素通常反映了风险水平和手头特定交易的概况。除了分配现金流外，合伙协议还必须确定项目的最终利润如何分配。在大多数情况下，这些后端共享安排反映了每位合作伙伴致力于交易的资本的百分比。如果财务伙伴已经承担了 90% 的净资本，房地产合作伙伴承担了 10%，那么，这个项目的利润分配也相似，90% 给财务伙伴，10% 给房地产伙伴。应该指出的是，在大多数情况下，直到所有的财务伙伴的初始资本已经收回，房地产合伙人才开始参与最终的分配。这激励了房地产合作伙伴为财务伙伴提供较高的优先回报率，并为财务伙伴全部资本的回收提供了条件。这种结构符合所有项目参与者的经济利益。

大多数交易除了由财务伙伴提供的股权之外，还使用某种形式的债务来资助完成房地产交易所需的总资本金额。债务结构通常在交易的初始阶段定义，房地产经营合伙人改变债务水平或修改合伙企业债务条件往往需要得到财务合伙人的批准。债务结构是整体协议的一个重要方面。更高的债务水平可以提供更高的潜在总回报；然而，较高的债务也为该项目创造了较高的风险水平。越保守的财务伙伴越要求较低的债务结构杠杆。较低的债务水平通常反映在财务伙伴的最低预期资本回收率（Hurdle Rate）和年度现金偏好上。

税收优惠也在大多数合资企业中得到确认和分配。如前所述，20 世纪世纪 70 年代和 80 年代，房地产界的结构性问题主要源自造成房地产供应过剩的税收政策。《1986 年税收改革法案》延长了折旧表，增加折旧财产的使用寿命。该法阻止投资者从非房地产收入中扣除房地产损失。这些变化大大减少了投资房地产税收方面的许多有利的部分。但是，有些参与者可能会遇到围绕合资企业的税收相关问题，以及某些参与者可以获得税收优惠的问题。

对于符合《1974 年雇员退休收入保障法案》（*Employee Retirement Income Security Act*，ERISA）等计划的免税投资者，税收优惠没有任何价值。将税收优惠（如果有的话）交付给房地产经营合作伙伴，以换取提供给免税的财务伙伴的更高现金流，是常见的。《1986 年税收改革法案》中税收调整的影响相当大。在 1986 年之前，典型的商业投资物业将在 15 年的使用寿命内折旧。根据《1993 年税收改革法案》和之后的修订，使用寿命调整为 39 年。这种折旧变化在折旧费用的非现金部分产生了实质性差异，有效降低了大部分房地产的净现金产生能力。

折旧允许延期缴税，直到物业被销售出去。在物业出售时，收益是使用折旧的物业价值计算的，计算税率使用 1986 年以前的 15% 的固定资产折旧率，而不是 25% 或 28% 的资本利得率。通过使用更高的财务杠杆，可以部分缓解折旧变化造成的税收劣势。如果使用较高的贷款价值（译者注：Loan – to – Value Ratio）比率，或采用较高的杠杆，增加的抵押贷款利息费用可以税前扣除，所需的股权资本减少。这实际上创造了更高的投资资本回报率和更高的现金流资本回报率（Cash Flow Return on Capital.）。高杠杆的相对优势完全取决于抵押融资的成本和可获得性。应该指出的是，当物业以正向模式运作时，资本回报率更高的杠杆可能看起来很有吸引力；但是，杠杆作用也会放大运作不正常的物业的潜在下行空间。因此，在考虑资本结构时，分析债务不仅要考虑上行期，还应考虑下行期。

合资企业或合伙企业终止

除了经营规定外，合伙或合资协议必须处理终止条款。终止条款通常是为了促进财务投资者在一定时间内回收资本。由于房地产是长期投资，大多数合伙或合资企业的时间跨度相当长。由于其性质，房地产属于长期资产的类别。因此，房地产合资企业往往有较长的期限。大多数开发并持有，或者购买并持有的企业策略的最短期限为 10 年。预定时间范围这一想法对财务投资者有特别的吸引力，因为这意味着房地产合作伙伴无法在无限期内占压资金和提取管理费用。有限的时间跨度也有一定的缺点，这些缺点通常与房地产行业的周期性有关。财务合作伙伴可能会发现，房地产合作伙伴并不倾向于在合伙终止期之前的任何时间处置房地产。因此，一个 10 年的合作伙伴关系，合作七至八年可能是处理合伙企业所持有的房地产的理想时机。但是，房地产合作伙伴可能不想在这一时间处置该物业，并失去两到三年的合伙费用。另外，由于不可能预测房地产周期将在合伙期限的什么时间结束，几乎任何相当长的时间段内，可能会发现一个伙伴关系在不利的房地产市场结束。

因此，并不罕见，伙伴关系协议有可选择的延期期限，可以使基金的寿命延长一至三年。这些扩展权旨在提供一段额外的持有期，允许房地产市场基本面恢复。在大多数情况下，这些扩展期限需要财务合作伙伴的同意才能实施。

总结

很明显，没有任何预先确定的财务结构可以很容易地应用于房地产领域的合作伙伴关系和合资企业。每个合资企业在确定合伙协议的总体结构时，都必须考虑要开发的房地产和当地的市场因素。如养老金计划等更保守地财务合作伙伴，交易结构往往更保守地为财务伙伴提供较低的杠杆和更均匀的可预测的现金流。相反，反映更积极的投资者群的机会资金可能更倾向于提高债务水平，并要求更积极地分享现金流收益。再次声明，每份合资协议的结构都反映了所有交易参与者的总体态度。在这个过程结束的时候，资本和专门知识的结合应该能够使参与者商量出一个大体上符合所有各方的利益的协议。

房地产投资信托基金（REITs）和合资企业（Joint Vertures）

合资企业允许房地产投资信托基金（REITs）扩展其业务模型，在保持资产负债表上资本弹性的同时，并利用其大量的房地产专业知识。房地产投资信托基金运营房地产直接投资组合（Direct Investment Portfolio，DIP）。通过参与合资企业和合伙企业，房地产投资信托（REIT）管理团队可以提高 DIP 资本的投资回报。

越来越多的房地产投资信托基金（REITs）将自己广泛的房地产专业知识，与更大的投资资金池相结合。合伙和合资企业允许房地产投资信托（REIT）管理团队扩大资产负债表资本的使用，为投资者增加潜在的回报，并创造更大程度的多元化，从而降低 DIP 风险。房地产市场具有独特的制度特征，将其与非房地产市场区分开来。因此，预期会产生与非房地产行业观察结果不一致的结果。这些特点包括当地市场知识、市场细分、可能给房地产企业提供有关本地房地产市场信息优势的房地产开发知识，以及关于房地产企业的更好的管理和技术专长。

一些学术研究已经验证了合资项目的效果，及其对房地产投资信托基金（REITs）股东价值的影响。一般来说，这些研究报告显示，由于房地产界的合资企业，REITs 股东价值呈现积极和统计学上显著的增长。研究结论表明，房地产合资企业成功的原因有几个因素。第一是两个或多个企业的资源结合产生的协同效应。在资本市场有效的假设下，房地产合资企业通常被解释为参与公司的股东是积极的，因为他们看到了合资企业的财务协同效应。经营协同效应可归因于规模经济，本地市场更优的竞争地位，高水平的初步研究，更有效地使用管理和人力资源，通过多元化降低业务风险。另外，合资企业有能力提高参与者整体债务水平，被认为是对股东有积极意义的财务协同效应。

其他可归因于房地产市场合资企业独特的制度特征，是市场地域和市场细分这些特点。在本地房地产市场，缺乏房地产产品标准，缺乏中央市场交易所，这使在本地房地产市场竞争的非本地公司需要更高水平的研究知识。在本地市场，信息可能难以获得，获取成本高昂，并且可能不是所有参与者都能获得，房地产公司可能更加熟悉本地市场，并拥有信息优势。理论认为，合资企业的高价值反映了当地房地产企业在当地市场上所具有的比较信息优势。

将知识优势推进一步，不同的细分市场需要不同的技能和管理人才，似乎是合乎逻辑的，这些技能可能不容易转移。高水平的管理技能可以帮助减少房地产运营带来的商业风险的不确定性。那些知识可以通过更大规模 DIP 的杠杆来有效地利用。而这更大规模的 DIP，可以通过合资结构产生。因此，预期房地产合资企业在适当结构化的情况下，可以为企业的参与者产生比较优势，这即本地市场优势，这不是不合理的。

房地产投资信托理念：房地产投资信托基金（REITs）在合资企业中哪些地方增加了价值

以下列表详细列出了房地产投资信托基金（REITs）本地市场知识和管理专长可以在合资项目中增加价值的领域：

● 收购。本地市场知识和长期市场战略有助于本地房地产合作伙伴，以比非本地竞争对手更低的成本完成尽职调查和收购谈判。

● 本地市场策略。本地市场伙伴可以更好地界定本地市场利基市场，从而比非本地参与者了解本地市场机会的水平更高。

● 策略调整。本地市场参与者对本地市场变化更为敏感，能够对当地市场动态的变化作出快速反应。

● 基础研究。本地市场参与者对本地市场历史有较好的制度认识，从而转化为本地市场更好的成本，更低的直接研究。

● 处置。本地市场参与者由于对本地市场知识的优越性，与其他非本地市场参与者完成谈判交易具有优势。

通过本地市场知识和管理专长，房地产投资信托基金（REITs）一直利用机会参与资本合伙的合资企业，以增加股东价值，提高资产负债表杠杆和投资组合多元化。

记忆要点

- 参与房地产市场所需的高水平技能阻止了许多财务投资者直接拥有或开发房地产。
- 在房地产界，合资企业是结合金融资本和房地产专业知识的首选方式。
- 合资企业的条款和条件在合资协议详细论述了。
- 合资企业协议的基本条款概述了有关各方的责任和预期。
- 协议涉及现金流量，债务结构，经营目标，企业生命周期和利润分配的处理。
- 合资企业允许房地产投资信托基金（REITs）扩展业务模式，同时保持资产负债表的灵活性。
- 学术研究报告显示，房地产界的合资企业使股东价值表现正面，且统计上显著增加。
- 合资企业被参与公司的股东解释为积极的，因为他们认为合资后的财务，管理和信息具有协同效应。
- 由于其市场知识丰富，房地产投资信托基金（REITs）在参与合资活动方面处于独一无二的地位。

第九章　分析房地产投资信托基金（REITs）

个人自由唯一可靠的基础是私有财产的经济安全。（沃尔特·李普曼，1934）

适用于上市房地产投资信托基金（REITs）的估值方法与私人房地产市场的估值方法基本一致。许多基于公共市场的估值方法也同样适用于房地产投资信托基金（REITs）的财务分析。这些方法都被粗略地划分为一组方法，即定量分析的估价方法。如同私人房地产中使用的直接评估方法一样，公共房地产中使用的量化方法都有一定的优缺点。就同私人评估方法一样，考虑多种估值方法而不是单一的评估方法时，结论更为准确。除定量方法外，在评估公共房地产（Public Real Estate）时，还有一系列定性因素。以下部分将对这些定量和定量方法进行研究。

基本方法

直接房地产投资市场有三种基本的方法来评估给定的房地产价值。首先是重置成本法。这种估值方法考虑了在当前市场环境条件下，在相同地点重新建造相同规模和质量的建筑物所需要的成本。这种分析包括建筑物所在土地的价值，以及场地的改善和一般的邻里设施、较容易计算出建筑物的一般重置费用。然而，因为每一个房地产如此独特，所以对任何给定的房地产本身没有确切的替代。这使得重置成本成为获得房地产广泛的概括性的价值的有用工具，但进一步分析通常需要对房地产价值作出确定性的结论。

其次是市场比较的方法。这种方法试图通过分析与被估值房地产处于大致区域的相似房地产的销售，来估计一个房地产当前的市场价值。此外，因为每个财产都是独一无二的，所以很难仅仅通过市场比较的方法断定房地产确切的市场价值。报告中的销售数据是根据近期的历史销售活动得出的，因此可能无法反映当地房地产市场的近期变化。虽然买方和卖方在公平交易中商定的价格通常是典型的最好的指标，但还受到其他因素的影响。卖方是否在某种财务或个人的压力下出售物业？若该资产的某些特定方面仅对买方有利，买家是否愿意支付溢价？在研究可比销售时，这些与交易相关的动态方面难以确定。解决方案是研究最近的一系列交易，并从更大的数据样本中得出结论。在当地具有合理水平的房地产活动时，这是有效的。然而，一些市场仅产生有限的可比的房地产交易，这使得市场比较法不太精确。

> 资本化率或物业回报率：对于财产来说，该方法是由扣除财产费用后的财产运营净收入除以购买价格计算出来的。一般来说，高的物业回报率意味着更高的投资回报和更大的风险。

最后，房地产价值可以通过净收益资本化法得出。这种资本化率或物业回报率（Cap Rate）方法把减去财产费用后的净收入视为必要的或者房地产价格产生的当前回报。例如，财产的净营业收入（Net Operation Income，NOI）为 12 万美元，要价为 100 万美元的房地产的物业回报率为 12%（120000 美元/ 100 万美元 = 12%）。物业回报率一般允许独立估值，这种方法某种程度上比重置成本法或市场比较法要精确得多。作为投资工具交易的任何房地产的物业回报率，反映了某一特定市场中具有竞争性的房地产投资替代品。评估人员在进行可比的物业回报率分析时，有较大的备选财产池可供审查。此外，在考虑特定房地产的优点或缺陷时，物业回报率的轻微调整可以更准确地估价。

在本地市场，从现有的数据中可以得出结论，即社区购物中心的物业回报率在 10% 到 12% 之间。更新、更大、位置更好的房地产的物业回报率，在 10% 到 11% 的范围内；而较旧的，较小的，位置较不利的房地产物业回报率在 11% 到 12% 的范围内。这就允许评估者使用更精确的物业回报率，只要确定了评估对象的质量所处的大致范围。

每种标准评估方法都有其优缺点。因此，在正常估值分析中，主观的财产估值使用各种方法。考虑到有关财产的相关事实和情况，每种方法或多或少都有考虑。在评估过程结束时，综合所有方法的评估结果而不是某个单一方法决定评估值。评估方法既是学科，也是艺术。大多数评估人士认为，实际的市场销售价格可能会因为许多主观因素而变得更高或更低，这些主观因素即便有可能量化，那也是非常困难的。

房地产投资信托基金（REITs）思想：评估房地产的方法

有三种通常使用的方法来对房地产进行估值：

1. 替代成本上升法。
2. 可比销售法。
3. 资本化率（物业回报率）法。

任何一种方法都不能产生完善的答案。但是，当这些方法结合在一起时，它们通常能很好地反映房地产价值。

资产净值分析

净资产值（Net Asset Value，NAV）分析是公共房地产版本的重置成本法。房地产投资信托（REIT）分析师有两种思路：一些人认为这种做法提供了最不准确的计算房地产投资信托（REIT）股权价值的方法，而另外一些人认为这是房地产投资信托基金（REITs）价值评估的最佳方法。实质上，资产净值方法涉及与公司的房地产资产的私人市场价值估值相比，股票交易是折扣了，还是溢价了？

评估房地产信托（REIT）的净资产值的第一步，需要资本化房地产的净营业收入。这可以在预期资本支出预留准备金之前或之后进行。这个过程的关键是估计净营业收入，因为许多房地产信托基金（REITs）对许多不同的本地市场的数十个物业都有兴趣。虽然本地市场条件可能有很大差异，但房地产信托基金（REITs）往往不会透露每个建筑物的净营业收入，因此总资本化率是整个房地产投资信托（REIT）资产组合的资本化率。

所选择的物业回报率综合考虑了预期真实回报、通货膨胀溢价、风险溢价以及补偿夺回价值（Recapture Value）。夺回价值是指由于折旧或过时而导致的房地产价值预期下滑的部分价值。估计投资组合的资本化率可能导致大的误差。根据比较分析是使用当前净营业收入还是未来估计的净营业收入，可能会产生显著差异。一般来说，综合过去和未来估计的净营业收入值有助于减少估计的误差。

为了利用未来收入流来估算公司的私有市场价值，下一步是扣除与估计资产净值相关的债务，并调整股份数量，如果股权发行也作为分析的一部分的话。一般来说，净营业收入盈利模型假定未来收购和开发成本由债务承担，而且，预计的未来平均负债（不是流动负债）将被扣除。公共房地产公司分析的一个较好的因素是，相对有效的私人交易市场，其房地产收益型与投资级别的性质并存。其他私人公司可能会定期更改所有权，但售价很少知道。私下谈判的投资级别的商业地产每年实际交易额约 2500 亿美元，大多数有公开记录。因此，单个财产的物业回报率可以用相对较高的准确度估计。然而，单个资产的小的误差在投资组合时会复合计算；所以，在进行房地产投资组合的物业回报率估计时，需要非常小心。

房地产投资信托基金（REITs）通常还有其他非租金收入需要在净营业收入的估值中考虑。大多数分析师使用高资本化率，对应着低物业管理费用。这反映出管理合同通常可以在短时间内取消，一般为 30~90 天。因此，这种收入适用于 20%～30% 的较高物业回报率，以反映可能的变动性。然后再增加其他房地产投资信托（REIT）资产，通常是现金和有价证券，便可估计出该实体的整体私人市场价值。然后扣除总负债，包括总债务，优先股和松散合资企业的持股比例。这就得到了房地产投资信托（REIT）净值的估计。最后，结果必须除以总的稀释股份，或者经营合伙单位总额（产生于普通股转变）。

从资产净值的角度来看，上市的房地产投资信托（REIT）已被公开市场定价，净资产值从折价率高达 31%，到溢价率 39%。后者由优尼博览房地产顾问公司根据过去 10 年数据估计。该时期的估值约为资产净值的 103%，或相对资产净值 3% 的溢价。

资产净值折让或溢价一部分是由于股票市场是前瞻性的，把房地产投资信托基金（REITs）作为正在进行的商业企业而不是直接投资于房地产的投资组合。如果房地产投资信托基金（REITs）正在挣扎，未来几年的盈利或租金增长拉平甚至更低，那么市场的前瞻性估值机制可能会对房地产投资信托（REIT）所持有的房地产价值打上折扣。相反，如果房地产市场条件快速改善，前瞻性市场机制可能会对房地产投资信托（REIT）持有房地产的未来价值溢价定价。在评估任何房地产投资信托（REIT）净值时，应考虑这一点。

资产净值分析的缺点

资产净值分析的主要缺点是资产净值计算涉及给定时段的现金流分析，并将该分析应用于固定资产的固定组合中。这种做法对于房地产投资信托（REIT）拥有的房地产资产占投资组合总体价值的很大比例的情况，可能非常有帮助。然而，在非常大的组合中，由于房地产性质的不同，就不太有用了。

资产净值方法的另一个关键弱点是无法准确评估快速变化的本地市场或快速增长的房地产投资信托（RE-IT）。对于快速增长的房地产投资信托（REIT），随着公司收购或开发新房地产，净营业收入可能会快速增长，房地产股票可能会出现估值过高或过低，具体取决于分析师进行资本化时，是选择尾随还是预测的净营业

杠杆
与股本资本或总资本有关的债务额。

收入。资产净值分析作为成功的独立房地产股票选择机制受到人们的批评，因为它不承认不同的房地产资本结构的风险状况不同。

例如，两家拥有每股 40 美元资产净值的公司，如果仅从资产净值的角度来看，可能具有同样的吸引力。然而，无担保债务可能占公司资本结构的 10% 或 90%，后者所处的风险更大。在后一个例子中，如果相关房地产价值发生较小的变化，资产净值可能会显著降低。在 10% 的情况下，房地产价值的小幅变化将对资产净值产生影响较小，因为杠杆较低。所以资产净值有其缺点，其中之一是评估房地产投资信托基金（REITs）。

企业价值／EBITDA 乘数分析

鉴于资产净值分析的部分缺陷，另一种评估房地产投资信托（REIT）的方法则是研究房地产投资信托（REIT）产生的现金流。在这种方法中，使用由利率、税收、折旧和摊销等扣除前的收益来度量现金流。该方法包括房地产投资信

总市值
房地产投资信托（REIT）（或其他公司）的普通股和债务的总市值。

托（REIT）的公司总股本市值和公司总债务的名义价值除以利息、税收、折旧和摊销前的收入（EBITDA）或公司现金流量。这种方法的一个优点

是，它可以将大多数正常资本结构的比率标准化，并用于比较具有不同资产负债表杠杆率的公司。与资产净值计算的情况一样，企业价值/ EBITDA 乘数通常使用估计的远期资本结构来计算。企业价值/ EBITDA 比率通常反映了市场对于预期近期增长率和长期增长率的可持续性和现金流质量的看法。这个

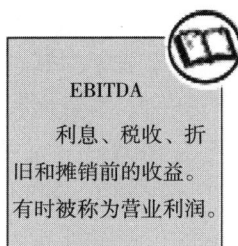

> **EBITDA**
> 利息、税收、折旧和摊销前的收益。有时被称为营业利润。

乘数也可能反映了预期或预算的资本支出和未来过时财产的数额。一些分析师更倾向于将 EBITDA 减去资本支出储备作为可用现金流量的衡量指标。EBITDA 方法被广泛使用，不仅用于查阅一般公司，也可用于房地产公司或房地产投资信托基金（REITs）。

多重增长率分析

多重增长比率分析有助于回答房地产投资信托（REIT）估值的两个具体问题：（1）市场愿意为每个增长单位支付多少？（2）同一房地产投资信托（REIT）可以获得价值和增长吗？盈利能力和增长速度是不一样的，这一点很重要。收入增长或运营资金（Funds From Operation，FFO）增长本身并不能为评估投资价值提供有效的单一衡量标准。然而，一些投资者含蓄地认为，这是一个有效的单一措施时，他们使用当期价格/ FFO 倍数来计算一些年的起止收益率。当投资报酬率超过资本成本时，增长只会增加房地产投资信托（REIT）的价值。然而，一些房地产投资信托基金（RE-ITs）的投资组合增长可能集中在扩大规模上。这种业务策略取决于公司以越来越高的价格，出售股票或频繁募集额外资本的能力。随着企业规模的不断扩大，维持每股运营资金（FFO）增长速度所必需的收购数量也在不断扩大，往往变得不可持续。因此，增长率下降。

> 运营资金（FFO）：是被最普遍接受的房地产投资信托（REIT）运营绩效报告的度量方法。等于房地产投资信托（REIT）的净收入，扣除财产销售的收入或损失，并追加上房地产折旧。它近似可比于一般公司会计的现金流。现金流是比 GAAP 收入更好的度量运营绩效的方法。GAAP 收入包括非现金项。困境是没有计算 FFO 的行业标准，因此很难运用该指标来比较所有的房地产投资信托基金（REITs）。

向上增长螺旋的相反是塌陷的死亡螺旋。在传统的增长行业中，公司的市盈率通常与其长期预期增长率进行比较；公司市盈率低于增长率，被认为低估。多重增长比率形成了一个相对的视角，用于将房地产投资信托基金（REITs）的价格/ FFO 倍数与可持续增长率进行比较。房地产投资信托（REIT）分析师面临的核心问题是，特定房地产投资信托基金高增长时期的可持续性。因为房地产投资信托基金（REITs）必须分配至少90%的应税收入，在大多数情况下只有适度的自由现金流，几乎所有的收购和开发增长都必须由外部来源提供资金。在通常情况下，要实现这一点，房地产投资信托基金（REITs）的做法是：随着资产负债表杠杆的提高，反复出售新股（Primary Share）。大多数房地产投资信托基金通过债务来增加收购和开发，然后转向资本市场用股权来降低杠杆。

基于对房地产投资信托结构的约束，大多数股权型房地产投资信托基金（REITs）的内部产生的可持续的运营现金流增长率实际上为3%～5%。增加适当的资产负债表杠杆水平，可能会将现金流平均增加5%～8%。因此，在较长时间内房地产投资信托（REIT）的运营资金（FFO）的增长率超过10%是不可持续的，如果不使用高于平均水平的杠杆，或不重复使用资本市场获得更多股本的话。一些分析师对增长率超过10%的房地产投资信托基金（REITs）施加了多重惩罚，因为目前的资本要求存在财务风险。

> 资本的成本：公司例如房地产投资信托（REIT），以股权、优先股，或者债务的形式募集资本的成本。股权资本的成本，一般认为包括股息和预期的资本成长。后者以更高的股息或者股价升值潜力来度量。债务资本的成本包括债务利息支出加上获得债务时发生的费用。

房地产投资信托的每股收益（REIT EPS）

每股营业收益（EPS）与房地产投资信托（REIT）股权证券的估值有关。只是因为会计折旧增大了房地产资产的有形损耗，就将EPS度量视为不适合房地产公司是不正确的。

EPS 度量被广泛应用于许多行业。其他行业的分析师，往往用其他估值指标补充 EPS 度量结果。一般来说，重要的是不要过分强调或过分关注任何一个指标的重要性。因此，说受人欢迎的华尔街重点关注每股收益率指标，或任何其他单一统计数字，都可能会产生误导。在使用每股收益率数据时，分析师应始终警惕净收入的构成部分，以及如何将该数据用于比较目的。

将每股营业收益作为房地产投资信托（REIT）盈利能力的度量指标存在缺陷。一些公司的计算涉及前身实体的不同税基，要求递升的折旧调整和对少数合作伙伴的分配调整，这些超过了净收入，从而大幅降低每股收益。其他公司付现收购，并进行组件化的折旧，降低报告期净收入，允许房地产投资信托（REIT）保留更多资金用于开发活动。总之，尽管存在各种缺点，EPS 仍可以作为评估房地产投资信托（REIT）证券估值的有用手段，但只能与其他比较估值方法一起使用。

收益上调修正分析

盈利上调修正的房地产投资信托（REIT）估值，需要确定和估值房地产投资信托（REIT）股票，基于华尔街上调收益估算的所有公司。这种方法的基本应用包括选择收益向上修正的股票，从而产生意想不到的盈利。另一种应用形式，涉及购买连续盈利增长率加速的公司股票。这通常被称为盈利动量策略。这两种方法是不太经典的房地产估值方法和基于华尔街的估值方法。其观点是，公开市场的投资者更愿意为任何一家公司支付溢价，只要该公司连续盈利增长高于分析师的共同预期水平。这种方法在房地产行业最有用，用来发现或者确认房地产市场复苏的最初阶段，而 RE-ITs 在本地市场拥有房地产。

资本回报率与资本成本分析

持续发行新普通股的房地产投资信托（REIT）的盈利生命周期与其价格/ FFO 比值密不可分。从 1998 年到 2004 年，平均房地产投资信托（RE-IT）价格/ FFO 倍数在 7 到 15.5 之间，超前 FFO 四个季度，反映了发行新普通股的名义成本为 6.45% ~ 14.3%，然后再考虑到承销费用。在纯粹的数学基础上，房地产投资信托（REIT）以这样的倍数出售新股，并将收益投资于初始资本化率等于或大于资本名义成本的房地产。这将增加公司的收益。发行股票越多，获得的资金越多，FFO 增长越高，前提条件是越来越多的股票可以以相等或更高的倍数出售。一家公司以低于购买公司本身的倍数（译者注：价格／FFO）购买一家企业，这将提高其每股收益增长率。购买后，由被收购公司的经营导致的低现金流倍数往往需要被重新评估，或逐渐接近原公司较高的现金流倍数。这是会计中增值的定义。

虽然从会计角度来看，这样的交易可能会增加收益，但是，经济意义上股东价值可能被稀释了。分析房地产股票时，需要对各种估值参数进行回顾。这些参数包括财产类型和地域组合特征；净收入增长率，FFO，可分配资金（Funds Available for Distribution，FAD）和股息；盈利动量；个别公司与同行公司和行业平均水平的相对价格倍数；当期和预期的股息收益率和股息安全；杠杆；交易量；管理追踪记录和管理能力。

以资本回报率为基础的企业绩效考核办法，经常被作为区分房地产投资信托基金的手段。在评估房地产投资信托（REIT）业绩表现时，重要的是要包括资本回报率和资本成本分析。将房地产公司的加权平均资本成本（Weighted Average Costof Capital，WACC）与按成本计算的现金收益率（Cash Yield on Cost，CYC）进行比较的特定价值在于，它将公司的资本结构决策与其由实际经济（不同于会计）盈利能力来衡量的经营业绩结果关联起来。

按成本计算的现金收益率（CYC）

公司的CYC等于房地产投资组合中的NOI（实质上是经营性收入减去营业费用），除以房地产总（未折旧）投资。这是公司单位资本盈利能力的一个衡量标准，区别于其销售增长率。简单来说，它是资产收益率或资本回报率的量度。

加权平均资本成本（WACC）

WACC是房地产投资信托（REIT）的债务与股权使用成本的加权平均数。WACC代表预计现金流贴现率，可以用于确定净现值（NPV）。如果使用WACC作为贴现率计算出的预期未来现金流的现值为正，则应进行投资。同样，如果投资的净现值是负，则应该拒绝投资。换句话说，正的净现值相当于该项目的内部回报率超过了WACC。或者，WACC可能被认为是评估潜在投资的最低可接受回报率。从股权投资者的角度来看，公司不断抓住 NPV 为正的商业机会，通过提高增长率，提升股票价值。投资者将购买 CYC 和 WACC 之间不断上涨的正利差的房地产投资信托基金。所有的房地产投资信托基金（REITs）并购，可能不会立即增加股东价值（超过公司的 WACC）。然而，资产投资应能够在合理的时间段内（约 24 ~ 36 个月）产生高于房地产投资信托（REIT）的 WACC 的可持续现金收益，这表明了房地产投资信托（REIT）管理团队的资本增值能力，在项目的内部回报率超过资本成本时，应部署资本。

正利差投资（Positive Spread Investing，PSI）

比较 WACC 与 CYC 有什么意义？首先，到目前为止，房地产投资信托基金（REITs）很少出售房地产。虽然资产的增值可能会发生，但往往没有实现。因此，重点是房地产投资的当前和未来现金流。其次，低杠杆的房地产投资信托（REIT）的 WACC 将更高，从而隐含地提高了新房地产投资必须实现的最低资本回报率。成功的房地产投资信托（REIT）投资有很多潜在的特征，其中一些我们刚刚讨论过。然而，由于投资信托的总回报中产生收入重要性，将 CYC 与 WACC 进行比较是评估潜在或现有 RE-ITs 投资的有效方法。

一些房地产投资信托基金（REITs）从资产的潜在资本增值中获得显著的价值。在这种情况下，投资利差法的有用性可能有限。因此，这种分析工具应与其他更传统的股权估值手段一起使用，例如经营现金流量增长，相对收益倍数和资产净值（NAV）分析。

> 正利差投资（PSI）：有能力以显著低于初始回报的成本募集资金（股权与债务）。

> 资产净值（NAV）：所有公司资产包括但不限于财产的净市场价值减去所有负债和义务。

方法的缺点

与所有其他评估方法一样，这种方法有几个潜在的缺点。

第一，当期现金收益率可能不会保持在相同的起始价值，它们可能会随时间上涨或下降。NOI 的可持续性或增长是这种分析方法的关键。个别公司的资本成本反映了一个动态过程，其中包括现有房地产的收入与费用增长、收购、新建筑开发以及管理经验。第二，原始投资与本期之间的时间长短可能影响报表中的 CYC。在伞形合伙型房地产投资信托基金（UP-REITs）的情况下尤其如此，原始投资可能已经在多年前进行。研究表明，在 UPREITs 的情况下，CYC 减去 WACC 的投资利差比传统的房地产投资信托基金（REITs）或房地产经营公司更大。差异主要是由于 UPREITs 具有更大的杠杆功能，因而 WACC 较低。对于 UPREITs 和非 UPREITs 而言，CYC 是类似的。第三，快速增长的房地产投资信托尽管可能当前具有低杠杆，WACC 和 CYC 之间具有负的或边际利差，但是，未来可能会再增加债务，降低其 WACC，并可能会随着时间推移提高 NOI，最终扭转 CYC 与 WACC 之间的利差。

房地产的开发活动也可能对此分析产生影响。根据企业对于新建筑物的资本化政策，一些重开发型房地产投资信托基金的当前现金收益率可能低于平均水平。然而，鉴于物业开发通常比收购带来的风险更大，投资者将期望房地产开发商在项目完成后的某个合理期间内，获得高于平均水平的资产回报。

因此，就像在私人市场上一样，在公共市场上没有一种方法可以作为独立的估值工具。当评估公开市场房地产投资信托（REIT）股票时，房地产投资信托（REIT）估值应该根据各种各样的方法，来确定一系列可能产生的结果。

伞形合伙（Umbrella Partnership REIT，UPREIT）：一种复杂但有用的房地产结构，现有合伙企业的合伙人和新成立的房地产投资信托基金成为新合伙企业（称为经营合伙企业）的合伙人。合作伙伴为各自在经营伙伴关系中的利益，从现有合伙企业中提供财产（或单位），房地产投资信托基金提供其公开发行的现金收益。房地产投资信托基金通常是经营合伙单位的普通合伙人和多数份额拥有人。一段时间后（通常是一年），合作伙伴可以享受与房地产投资信托基金的股东相同的流动性，通过将他们的份额招标，换成现金或股份（REIT 或合伙经营的期权）。这个转换可能会导致合作伙伴承担 UPREIT 格式下的税收递延。基金单位持有人可以在一段时间内对其所持的基金单位进行招

续

标，从而扩散这种税递延。此外，当合伙人持有该基金单位直至死亡时，遗产税规则将以下方式运作：只要受益人将房地产投资信托基金单位进行投标，换成现金或房地产投资信托（REIT）股票，可以不缴纳所得税。

房地产投资信托（REIT）理念：估值公开交易的方法

有三种一般方法不定期评估公开交易的 REITs：

1. 资产净值分析。

2. 企业价值／EBITDA 倍数分析。

3. 多重增长率分析。

正如房地产评估一样，没有哪一种方法能够提供完美的答案。但是，多种方法结合在一起，通常提供了房地产投资信托（REIT）价值的很好的明示。

记忆要点

- 分析和评估房地产投资信托（REIT）是传统房地产估值与证券分析的结合。

- 传统房地产估值方法主要为重置成本，本地市场可比销售额和净收入资本化。

- 评估房地产投资信托（REIT）应用类似的估值方法，以房地产投资信托（REIT）拥有的房地产投资组合，以及公共市场的方法，来评估房地产投资信托（REIT）。

- 计算房地产投资信托（REIT）投资组合的净资产值的方法，与私人房地产的重置成本和资本化方法相似。

- 使用 EBITDA 倍数对 REIT 估值有助于比较不同 REIT 资本结构的价值。

- 更常规的股票市场型估值方法采用多重盈余增长分析（Multiple – to – Earnings Growth Analysis）、资本回报率和加权现金收益率方法来估算房地产投资信托（REIT）价值。

- 没有一种单一的估值方法是确定性的答案，但是当组合起来应用于估计价值的范围时，它们都是非常有用的。

- 看看其他房地产投资信托（REIT）的相对公开估值也是估算房地产投资信托基金现值的一种方法。

- 在估计房地产投资信托（REIT）价值时，房地产投资信托（REIT）管理团队提供的定性价值也是需要考虑的重要因素。

- 对房地产投资信托（REIT）的估值，如私人房地产评估一样，既是一门科学，也是一门艺术，需要对所有估值方法有彻底的了解。

第十章　高级财务房地产投资信托基金（REITs）主题

> 数据是不会撒谎的，但是骗子们却会算计。——老会计师说

　　如果投资者要分析和选择自己的房地产投资信托投资，那么在房地产投资信托方面应该了解一些高级的会计知识。本章涵盖了这些技术问题。对于不打算自行进行房地产投资信托分析的读者，可以跳过本章。

房地产投资信托基金的会计问题

　　房地产投资信托基金（REITs）产生的稳定可预测的收入和持续的股息，已经创造了高水平的收益。然而，不熟悉房地产投资信托行业的投资者可能会觉得，比较各企业的房地产收益很困扰，因为许多房地产投资信托基金（REITs）的季报会使用运营资金（或第九章定义的 FFO）而不是每股收益（EPS），这是几乎所有其他行业中使用的典型的盈利能力度量标准。最近，几家华尔街的经纪公司已经宣布，他们为房地产投资信托基金（REITs）估计每股收益，而不是估计 FFO。这一举动引发了度量房地产投资信托基金（REITs）盈利能力和财务绩效的最佳方式的辩论。

　　目前大多数房地产投资信托基金（REITs）在报告中使用 FFO 季度数据。计算 FFO 是根据普遍接受的会计原则（Generally Accepted Accounting Principles，GAAP）而计算的收益，也称为 GAAP 收益。然后对这些收入进行调整，扣除出售投资组合资产、债务活动与融资活动所产生的利益或损失。然后将折旧和摊销费用加到产生的数据中，得到 FFO。FFO 实际上反映了由于房地产的投资组合活动而产生的经营现金流。在某种意义上，FFO 反映了房地产投资组合的现金产生能力；另外，它可能会夸大大多数房地产投资信托基金（REITs）的经济表现。因为 FFO 并不反映经常性的资本支出项目，而且由于允许加回管理层认定的非经常性的各种费用项

目，所以它经常因为实际的原因夸大房地产投资组合的现金产生能力。房地产投资信托基金行业的观察家和参与者已经对用于评估房地产投资信托基金收益的正确指标和方法进行了长时间的辩论。

1995 年和 1999 年，全国房地产投资信托协会（National Association of Real Estate Investment Trusts, NAREIT）发表了一篇白皮书，评论了对 FFO 定义的潜在变化。一般来说，行业协会寻求将 FFO 转变为更加结构化的形式，与 GAAP 净收入更加相似。最初创立于 20 世纪 90 年代初，FFO 旨在成为房地产投资信托基金管理使用的补充性绩效度量方法。由 NAREIT 推动，帮助投资者更好地了解和度量房地产投资信托基金绩效。

> 经营调整资金（AFFO）一项衡量房地产公司房地产业务产生的现金流量的计算方法。AFFO通常通过从FFO正常的经常性支出中减去由REITs进行资本化和摊销来计算，并对租金"直线"进行调整。这种计算也称为现金可用于分配（CAD）或可用于分配的资金（FAD）。

NAREIT 建议行业采纳在业界广泛使用的标准会计实务。第一个推荐更改的领域是非经常性项目。NAREIT 建议终止允许房地产投资信托基金管理将各种一次性费用加回作为对 FFO 计算的调整的做法。从历史上看，房地产投资信托管理已经能够加回任何被认为的非经常性项目。正如预期的那样，一些房地产投资信托管理团队比其他团队更加积极地调整非经常性项目。研究房地产财务报表时，可以看出，广泛的项目往往被以非经常性费用的形式加回来。这些一般包括利率对冲交易的损失、与收购失败相关的成本、员工遣散包以及与建立品牌标识相关的广告和公共关系成本。根据美国公认会计原则，大部分这些项目不被认为是非经常性项目或者特别的。此外，一些房地产投资信托管理团队通常会将这些项目视为非经常性的，而其他管理团队将其视为经常性的营业费用。当试图比较整个房地产投资信托基金的 FFO 时，这增加了混淆。NAREIT 目标修改的第二个广泛领域是财产销售和债务重组的损益。虽然利得、损失和债务重组费用包括在"公认会计准则"下的净收入中，但积极的房地产投资信托基金管理团队通常将销售收益包括在 FFO 中。在某种程度上，销售收益不应该与商业性的建造活动或定制型建造交易有关。可以认为，在直接房地产投资组合的背景下，这些交易并不常见，因此应被排除在外。在 1999 年，有些业界人士表示，在新的 FFO 计算中，包括物业销售的损益。可以肯定地说，房地产销售的收入静悄悄损失是 GAAP 净收入的一部分，是房地产以外行业的一个问题。这种做法的批评者认为，包括房地产销售的收益和损失将允许房地产投资信托通过操纵房地产销售的时机来操纵 FFO。因为很多房地产投资信托（REIT）投资组合包含大量适于出售的资产，要批评的是 REITs 可能从事这种销售以增强 FFO。

为了计算房地产投资信托基金的实际财务业绩，除了 FFO 之外，还出台了其他常见营业收入度算。调整经营资金（Adjusted Funds From Operations，AFFO）由 FFO 计算得出初值，接着对租金进行直线调整。AFFO 通常反映了将储备支出解释成费用，可能不一定是循环或常规的但通常不能从租户直接收回的成本。在大多数情况下，这包括了非经常性维护成本和与租赁活动相关的成本。调整这些费用后，其结果是 AFFO，有时被称为可供分配的现金（Cash Available for Distribution，CAD）。这是房地产投资信托（REIT）创造的实际现金流。

应该指出的是，在任何增加房地产投资信托（REIT）收益的活动中，出售投资组合资产所产生的收益一般不会被加回，以反映经营性现金流量。这是因为房地产销售的收益一般不被认为是可重复现金流。然而，债务重组的收益和损失一般加回计算 FFO，或计算可用于分配的资金。债务重组事件的异常到了这样的程度：虽然不属于经常性活动的范围，但在计算 GAAP 收益时，也应在 FFO 或者异常项目中进行调整。

可以得出结论，销售住宅用地开发活动的收益应包括在 AFFO 报告中。理论上表明，如第九章所讨论的，在估算房地产股票价值时，AFFO 数值与投资者的资本化估算结合使用。经营性财产产生的收入反映在 AFFO 中的收益，因此反映在资本化的估值中。可以这样说，增加销售收入产生型财产所获得的收益，将使经常性租赁业务收入与潜在的地产资本收益相结合，从而使 AFFO 在资本化估值方法中变得更加困难。可以进一步论证，当使用资本化收益法估价房地产时，房地产估价师在评估整体资产组合时不包括损益。然而，住宅用地的销售并不产生经常性的现金流。如果出售土地所产生的收益不包括在 AFFO 中，则在使用资本化收益方法时，

> **直线法**
> 由于普遍接受的会计原则（GAAP）要求，REITs等房地产公司都是直线的。直线租赁在租赁期间平均租户的租金支付。

> **现金可用于分配（CAD）或可用于分配的资金（FAD）**，一个房地产投资信托基金产生可以分配给股东的现金的能力。
> 除了从FFO减去标准化的经常性房地产相关支出和其他非现金项目以获得AFFO外，CAD（或FAD）通常也是通过减去非经常性费用得出的。

通过未开发活动创造的价值，不会反映在房地产投资信托估值中。

最近，包括美林、摩根士丹利和所罗门·史密斯·巴尼等在内的 15 家主要华尔街公司宣布，他们将使用 GAAP 和 FFO 预测房地产财务业绩。这些公司一致认为，GAAP 收益是通过一套标准化的规则计算出来的，因此在比较经营绩效方面是最有帮助的。此外，使用 GAAP 收益可以更轻松地将房地产运营绩效与股票和其他行业的绩效进行比较。很明显，该行业正在逐渐走向更统一的 GAAP 和 EPS 计算。这是一个时间问题，直到行业参与者辩论和商定一种方法，所有参与者都愿意接受。

NAREIT 解决的最后一个方面是折旧规则的变化。人们普遍认为，典型 GAAP 折旧夸大了对房地产经济折旧的正确费用。也有人认为，加回折旧到 FFO 低估了资产减值的实际经济损失。潜在的问题是如何最好地计算业主所感受的实际经济折旧。虽然 NAREIT 建议采用多种不同的方法来调整折旧，但每种方法都有积极和消极的方面。估计房地产资产的使用年限是困难的。许多行业参与者都认为，对收益的影响进行成本最低的调整。房地产投资信托从事高层次的地面开发活动，与面向收购的房地产投资信托基金（REITs）相比，通常对折旧项目进行分类的灵活性较低。许多公司对于短期类别的定义，例如租户改进，以及哪些项目可能被归类为长期建筑改进，也有不同的定义。这些因素使得折旧计算的标准化成为房地产投资信托（REIT）行业更为复杂的一个问题。

修订的折旧标准预计会对某些房地产投资信托基金部门造成沉重的负担。办公楼和酒店通常拥有较高经常性资本支出，损失可能会比工业房屋或制造房屋行业大。除此之外，很难预测折旧变动将对公众市场的房地产投资信托基金的估值水平产生什么样的影响，前提是如果有的话。

房地产红利的会计问题

由于所得税目的，房地产投资信托基金（REITs）公司向股东支付的股息分配可以包括普通收入、资本回报和长期资本收益。因为房地产投资信托（REIT）管理团队在管理其直接投资组合方面变得越来越活跃，所以房地产投资信托基金（REITs）在其相关的房地产投资组合中更频繁地实现长期资本收益。房地产投资信托基金（REITs）可以指定一个财政年度支付的股息，作为可能是由资产组合交易引起的长期资本收益分配的一部分。股东的优势在于，他们将按照目前较低的资本利得率对该部分股息缴税。资本部分的股息回报并不被当作投资者报税表的当期收益或资本收益，而是用于降低分配股息的房地产投资信托（REIT）股份投资者的原始成本基础。

一般不可能通过审查房地产投资信托（REIT）公司的 GAAP 会计报表来计算递延所得税的股息数额。股息分配的资本部分回报是基于超过房地产投资信托（REIT）应税收入的股息分配，房地产投资信托（REIT）应税收入要为了联邦所得税目的进行报告。用财务报告目的普通股股东的净利润与所得税目的应税收入的差异，主要涉及应税折旧（通常是某种形式的加速折旧）和直线折旧（这是通常用于本会计目的）之间的时间差异。优先股股利的应计利润也会造成应税和账面净收入之间的差异。另外，出售投资性房地产的实现损益，通过使用税收延期信托和方法予以延迟，也造成账面财务收入与应税财务收入之间的差异。这些资本利得和损失，如果被确认为所得税目的，典型地分配给股东，否则，它们被认为是资本回报。因此，一般不可能预先计算作为普通收入的房地产投资信托基金（REITs）的股息分配部分。如上所述，主要问题是根据美国通用会计准则确定的财务收入与联邦税法规定的应税收入之间的差异。这就要求房地产投资信托（REIT）公司进行广泛的税务披露，以便股东能够计算股息分配资本部分的回报。

有趣的是，资本股利分配的概念创造了一种情况，即房地产投资信托基金（REITs）的股东可以想象，可以避免将属于作为资本回报的房地产投资信托（REIT）持有的股息部分的所得税。在股东死亡的情况下，联邦所得税法律目前允许纳税基础房地产投资信托（REIT）股份的当前市场价值。在这种情况下，长期股东的死亡可能会导致支付给死去股东股息的所得税的消除。该股息是房地产投资信托（REIT）回报的很大一部分。同时，房地产税基则上涨到份额目前的市值。对于认为房地产投资信托基金（REITs）作为长期收益投资组合的组成部分的投资者来说，这可能是有意义的。如果股东在其死亡前出售房地产投资信托基金（REITs），则税基与净销售价格之间的差额可以认定为资本收益。在最终资本收益率低于普通所得税率的情况下，房地产投资信托基金（REITs）通过两种手段，为可纳税投资者处置房地产投资信托基金（REITs）股份提供适度的避税性收入。一是允许对当前现金收入以股息的形式延迟纳税，二是作为资本回报的股息其税率比所得税率要低。

房地产投资信托基金（REITs）的另类公司结构

　　房地产投资信托基金（REITs）结构有一些要求。为避免企业所得税，房地产投资信托基金（REITs）必须在税法范围内运作。公寓楼、购物中心和办公楼的所有权，使房地产投资信托基金（REITs）可以享受这些房产类别的全部经济利益。随着房地产行业经营变得越来越密集，如酒店和养老院，房地产投资信托基金（REITs）从这些限制性资产产生的收益是有限制的。由于这些限制性资产的管理密集型的本质，房地产投资信托基金（REITs）收入受到了限制。一般来说，这些房地产投资的净营业收入，并不是房地产投资信托（REIT）规定的租金。虽然租赁基于限制资产产生收入并不罕见，但这些租赁产生了某些实际困难。例如，由于经营杠杆较高，许多酒店业务的净营业收入的增加超过收入增长。以酒店收入为基础的租赁型酒店房地产投资信托基金（REITs）的股东不会享受现金流高涨的全部好处。此外，由于这些更复杂的租赁结构，房地产投资信托基金（REITs）公司想完全控制资产，增加资产层面的价值是困难的。

　　鉴于他们希望对受限制的资产类别进行投资，房地产投资信托基金（REITs）公司力求制订这样的解决方案。一是符合房地产投资信托基金（REITs）规则，但是仍然有能力投资于限制性资产；二是保持对这些资产的控制；三是参与由这些资产产生更大的经济利益份额。应税房地产投资信托（REIT）子公司（Taxable REIT Subsidiary，TRS）是投资少数受限制资产的最常用方法。为了促进较大的投资，那代表着房地产投资信托基金（REITs）的营业收入的较高比例，房地产投资信托（REIT）管理者创造了符合房地产投资信托基金（REITs）运作规则的几种不同的投资方案。这些投资被称为"双股"（Paired–Share）和"曲别针"（Paperclip）结构。

"双股"和"曲别针"房地产投资信托基金（REITs）

　　"双股"和"曲别针"房地产投资信托基金（REITs）都涉及两家独立的公司，一家房地产投资信托（REIT）和一家 C 公司。房地产投资信托

（REIT）在房地产投资信托（REIT）规则的限制范围内运作，结构性租赁（Structures Leases）一般以总收入而不是净收入为基础。结构租赁的公司可以自由地从事房地产资产的管理和运营，着眼于最大化资产的总回报和经济价值。C 公司允许房地产管理和机构内部的特许经营，并允许房地产投资信托（REIT）通过该公司联营机构投资于与实际情况无关的业务。在"双股"结构中，投资者可能如果不拥有关联的 C 公司股票，则也不能拥有房地产投资信托（REIT）股票。这就造成了一种经济形势，房地产投资信托（REIT）基于收入的租赁结构所失去的任何经营利益，都通过 C 公司的所有者权益还给了房地产投资信托（REIT）股东。历史上共有五家"双股"结构的房地产投资信托基金（REITs）。这些都是房地产投资信托（REIT）法律的例外而注册的，但在 1998 年，国会废除了"双股"结构的房地产投资信托基金（REITs），除非他们愿意获得新的资产或从事新的业务。然而，"曲别针"结构不再继续存在。与"双股"结构不同，"曲别针"结构不要求房地产投资信托（REIT）股东拥有与一家房地产投资信托（REIT）关联公司 C 公司的相关份额。因此，"曲别针"结构中房地产投资信托（REIT）方面的投资者，将受到房地产投资信托（REIT）结构所产生的所有负面经营影响。然而，投资者可以通过简单的购买代表"曲别针"结构的公开交易的代表房地产投资信托（REIT）结构中"曲别针"的 C 公司的股票，自主创建一个"曲别针"结构。酒店由于其管理密集型运作，通常是研究"曲别针"结构的最佳案例。在 20 世纪 80 年代和 90 年代初，酒店管理公司的酒店收入占一定比例。因此，不管酒店的净收入或利润如何，非所有者的酒店管理者有激励创造更高的营业收入。规则要求酒店房地产投资信托基金（REITs）结构租赁中，承租人根据收入而不是净利润支付租金。这些要求造成利益冲突问题，因为承租人注重增加净收入，而不是增加收入。虽然关注净收入一般是一件理想的公司行为，但可能导致房地产投资信托（REIT）股东不参与可由特定财产创造的总体经济利益。如果净收入快速增长，收入增长较慢，房地产投资信托基金（REITs）的股东只能从房地产现金流中得到适中的收益。

　　"曲别针"结构在房地产投资信托（REIT）和 C 关联公司使用相同的执行管理团队。执行经理可以以最大限度地提高整体经济效益的方式来经营房地产。唯一需要注意的是，由于房地产投资信托（RETI）和 C 公司的脱钩性质，房地产投资信托基金（REITs）可能与 C 公司的股东不一样。

因此，每家公司的管理人员和董事都有受托义务，确保双方的交易是公平的。与"双股"结构不同，在"曲别针"结构下，每个实体的股东都关心和关注每个独立公司的经营业绩。由于房地产投资信托（REIT）不在公司层面缴税，而 C 公司则需要在公司层面缴税，所以"曲别针"房地产投资信托（REIT）的共同管理有一定的动机将费用转移给 C 公司，以尽量减少整个纳税实体支付的税款。投资者可以通过拥有房地产投资信托（REIT）股份和 C 公司股份来处理这种情况。以这种方式，他们有效地创建了一个合成的双股结构的房地产投资信托（REIT）。房地产投资信托（REIT）投资回报损失是由于费用支付给服务提供商或承租人而导致的，房地产行业称之为泄漏或利润泄漏。当基于管理合同或服务安排，收入泄漏给了服务提供，利润泄漏就发生了。这往往是因为租赁结构不允许房地产投资信托（REIT）完全参与限制性投资的现金流量增长。应该理解，如果酒店业主可以以低于外部服务提供商的成本提供类似的服务，则泄漏是真实的经济损失。在"曲别针"结构中，泄漏可以避免，因为 C 公司能够把财产管理和经营引进来，如果经济学表明这样做 C 公司可以获利的话。如果在"曲别针"结构下，房地产投资信托（REIT）持续受到泄漏的危害，泄漏使得具有同样管理和能力的姊妹公司，为了房地产投资信托（REIT）股东的利益而拥有关联公司。"曲别针"结构的一个可能风险是，随着时间的推移，房地产投资信托（REIT）的业务追求可能与 C 公司的业务差异不同，两者不再有效地作为一个具有联合管理团队的实体运作。这是"曲别针"结构在医疗保健房地产投资信托（REIT）领域发生的典型的事件。在 20 世纪80 年代，许多医疗保健型房地产投资信托基金（REITs）从大型医疗保健公司中剥离出来。随着时间的推移，这些医疗保健房地产投资信托基金（REITs）对母公司的依赖程度降低，在房地产活动方面更加独立。许多这些公司现在独立于其原始资助者。随着这种变化开始发生，"曲别针"房地产投资信托（REIT）结构开始失去效力。房地产投资信托基金与 C 公司之间没有持续的协同作用，投资者从二者关系中得不到特别的好处。

应税房地产投资信托（REIT）子公司（TRS）

房地产投资信托（REIT）利用应税子公司通常为 C 公司，进行房地产投资信托（REIT）营运规则下可能不允许的业务活动。通过将非房地产投资信托（REIT）活动，如房地产管理活动，迁移至应纳税子公司，房地产投资信托基金（REITs）继续从事这些业务，且符合税法。2001 年 1 月 1 日，《房地产投资信托（REIT）现代化法案》生效，并创建了 TRS。新规则允许房地产投资信托（REIT）拥有 TRS 100% 的普通股。TRS 允许房地产投资信托（REIT）向房地产投资信托（REIT）租户提供服务，否则，产生的收入可能被认为是房地产投资信托（REIT）结构下不合格的收入。来自 TRS 的股息不符合 75% 收入测试，TRS 证券不得超过房地产投资信托基金（REITs）的总资产的 20%。在这些指引下，TRS 允许房地产投资信托（REIT）参与与房地产相关的服务机会，这在前房地产信托（REIT）结构中是不可能的。以下领域的非租金收入被认为是房地产投资信托基金（REITs）最感兴趣的：

- 房地产经纪费。
- 施工管理费。
- 合资开发费。
- 商业化的建筑销售。
- 物业管理费。

虽然房地产投资信托基金（REITs）可以享受这些费用的效益，可目前流入房地产投资信托（REIT）通过其他允许结构，TRS 有望使这些安排结构简单，易于管理。

记忆要点

- 房地产投资信托（REIT）会计需要了解普遍接受的会计原则（GAAP）以及 GAAP 收益与经营资金（FFO）之间的差异。
- 行业正在朝更标准化的收益报告形式迈进。
- 房地产投资信托基金（REITs）向股东支付的股息分配可能包括普通收入、资本回报和长期资本收益。
- 一般不可能预先计算作为普通收入的房地产投资信托（REIT）的股息分配部分。
- 房地产投资信托基金（REITs）通过允许在当期现金收入上递延税款，并以较低的税率对房地产投资信托基金股票处置收益征税，为应税投资者提供恰当的避税性收入。

- 还有几个另类房地产投资信托（REIT）公司结构，帮助房地产投资信托基金（REITs）更有效地为税务目的运作。

- "双股"房地产投资信托（REIT）已经通过立法消除，但值得考查。

- "曲别针"房地产投资信托（REIT）结构可以有效地创造"双股"结构的好处。

- 应税房地产投资信托（REIT）子公司允许房地产投资信托基金（REITs）从事某些产生营业收入的活动，并且仍然符合 REITs 税收规则。

第三部分

公共房地产行业

第十一章　居住型房地产投资信托基金（REITs）

"租用浪费金钱，购买便宜得多。"（弗兰·勒波维茨，1981）

美国所有公寓和多户物业的总估计价值为 2.2 万亿美元，约占综合商业房地产市场的 24%。房地产估计投资信托基金（REITs）占公寓单位的 8%。作为一个集团，公寓房地产投资信托基金（REITs）占全国房地产投资信托协会（NAREIT）股权指数总资本的 18%（见图 11 – 1）。

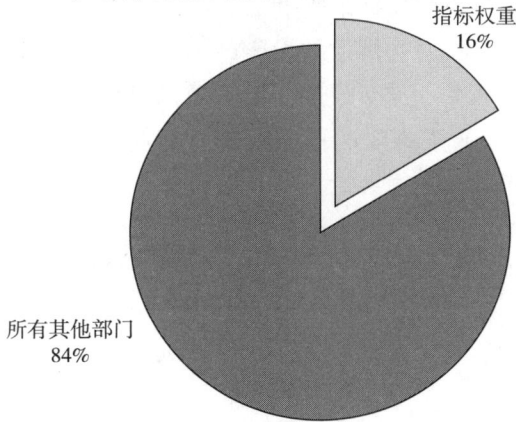

资料来源：Uniplan，Inc.

图 11 – 1　公寓房地产投资信托基金（REITs）占 NAREIT 股权指数的百分比

质量分类

公寓和多户物业
公寓楼为住宅，五个或者更多的单元在一个单一建筑物或建筑群。多户常用来描述四个或更少单元的居民楼。

质量分类

出于投资目的，公寓楼像大多数其他商业结构一样，通常按质量进行分类。单个财产根据质量进行分类，分为 A 类，B 类或 C 类。给定财产的年龄，与其分类之间通常有很强的相关性。

物业的施工质量，在本地市场的具体位置和设施的水平，都是物业分类需要考虑的因素。当地标准也对质量评级有影响。密尔沃基郊区花园公寓大楼可能基于盛行的当地市场标准被划分为 A 类项目。但复制同样的公寓在凤凰城或棕榈泉郊区可能被认为是一个 B 类项目，因为它缺乏凤凰城当地市场更高标准的一些设施。这是没有一个硬性的标准来划分财产，或者定义 A 类、B 类和 C 类之间的区别。分类是部分主观的，并留出一定程度的解释空间。

A 类公寓楼按当地市场标准需拥有，高品质的建筑材料、最新结构和最佳位置。A 类建筑物通常提供的设施超过平均或典型的公寓建筑。豪华大堂、门卫、礼宾服务、派对设施、健身俱乐部设施和其他生活设施是 A 类物业的典型特征。A 类物业的租金倾向于反映租客期望的设施和服务水平。B 类建筑物的房龄往往会老一些。在许多情况下，B 类建筑物的房龄在 10 至 20 年之间。新的建筑光泽已经褪去，他们通常提供比 A 类建筑物更有限的生活设施。B 类物业在本地市场的位置可能处于平均或甚至不太理想的水平。B 类物业的建筑材料和改善相对于社区标准来说往往处于平均水平，然而，A 类物业相对于当地社区标准，通常具有高于平均水平的建筑特征。

C 类建筑物往往是特定社区中最古老的建筑物。这些建筑物经常是"再利用"的建筑，起初建造用于给定用途，然后，被修复并适应另一种用途。旧的多层城市仓库建筑改造成的阁楼公寓是典型的 C 类物业。这些建筑往往位于不太理想的社区，混居着中低等收入家庭。C 类建筑物几乎没有设施，功能过时，不适合当前使用。C 类建筑物很少由公开交易的 REITs 拥有，除非被购买用于翻新或重建到 B 类或更好的水平。

这些分类充其量是主观的。他们试图将财产广泛地概括为易于被知识渊博的观察者识别的一般类别。为了谈判目的，建筑物通常被潜在买家分类为 B 类，被卖方划分为 A 类。至于进一步复杂的事情，房地产专业人士经常在大类中创造小分类。更好的 B 类财产通常被称为"高 B"建筑，较差的 A 类建筑物被称为"低 A"建筑。这些区别有助于房地产专业人士，但对于门外汉则常常混淆。但是，一般来说，房地产投资信托倾向于投资于 B 类或更好的公寓楼，大多数公寓型房地产投资信托基金（REITs）专注于 A 类物业。

物理结构分类

公寓通常按照规模或类型等广泛的概念进行分类。

样式：

● 低层。通常在三层以下，联排别墅的风格。

● 中层。超过三层，但受到相对地方标准的限制。例如，位于克利夫兰的 10 层建筑是高层，但在芝加哥或纽约，却是中层。

● 高层。在大部分当地房地产市场，通常在 10 层以上。

● 填充。通常称为城市填充，这些财产通常建在高密度城市地区较小的地块上。

● 花园。绵延的郊区，低层、中层建筑散布在校园般的环境中。这些往往具有高水平的设施如游泳池、网球场和俱乐部会所。

楼层的数量是一个简单的分类方式，因为它是一个容易识别的建筑特征。建筑物的高度也对建筑的运营成本有影响。一般来说，建筑越高，复杂建筑系统导致的运行成本越高，开发成本也越高。高层和中层的建筑最常见于高密度城市地区，那些地方土地价值高，供应稀缺。低层和花园项目往往位于郊区，那些地方密度和土地成本很少是个问题。子市场动态也对建筑有影响。土地使用限制和其他分区法律产生的限制，如最大密度和高度限制最终会影响所建项目的类型和风格。这些限制在一些市场中的影响更为明显，对建造什么和建造地点产生影响。

公寓需求和住宅市场动态

住宅的需求，特别是公寓的需求，是由人口增长和家庭形成所驱动的。一个地区人口的增加往往会推动该地区的住房需求。美国人口调查局数据显示，人口增长平均数每年 2.1%。人口持续稳定增长会增加住房需求。人口增长对住房需求的影响，进一步受到家庭形成的影响。这是人们迁入自己居住地的结果。家庭形成，通常是由于新婚夫妇开始新的家庭，或者已存在家庭由于离婚而破裂。无论如何，形成新家庭的人们在最初一段时间，很可能租房子。这驱动了对多户型住房的需要（译者注：Multi family unit，如 Multi family homes，Multi family houses 等）。现有住户搬迁到新的地区，也会带动本地市场的房屋需求。搬迁可能有利于某一市场的增长统计，同时对另一地区产生负面影响。这种搬迁趋势的经典范式是人们从偏远的中西部社区移出。许多这些社区的一些老年人口选择搬迁到温暖的退休目的地，如佛罗里达州和亚利桑那州。这些地方的许多年轻人经常离开这里，去更大的城市中心寻找更好的就业机会，结果是人口迁移创造了住宅房地产区域需求转移的趋势。

转移区域需求模式倾向于推动一般房地产周期，如第五章所述。在住宅房地产的情况下，与其他房地产相比，周期相对平稳和稳定。家庭形成和人口迁移刺激当地市场的需求。现有的住宅选择供应被吸收，造成普遍的紧张。需求超过现有供给，价格开始上涨。价格上涨到刺激建筑活动的某一点，以满足需求的增加，从而创造出一个本地市场的增长趋势。这种模式往往会造成当地房地产其他行业的需求也不断增加：人需要工作、吃饭和购物的地方。这刺激了支持经济增长的所有私人和公共服务的额外需求。在增长模式的这一阶段，当地市场动态开始对某一特定市场的供求结果产生很大影响。

负担能力是当地房屋市场的关键组成部分。如果你需要一个居住的地方，选择是拥有或承租。某些因素，如消费者信心，抵押贷款利率，经济增长和就业趋势都对居民选择拥有还是租用的决策产生影响，但最终在当地市场租住或购买的决定，主要由负担能力决定。负担能力这个因素会影响当地多户住宅市场的基调和前景。

承受能力影响租赁市场动态的一个例子是互联网的兴起和网络革命。圣何塞和旧金山湾地区是 20 世纪 90 年代后半期当地经济的主要驱动力。大量的资本流入当地经济，支持了互联网业务"爆炸式"增长。这导致了一个高水平的就业机会，促进了家庭形成的快速增长。家庭收入中位数为全国最高，1999 年超过 83000 美元。但一系列当地市场因素包括可开发的土地数量有限、困难的授权要求、严格的地方法律法规，以及缺乏熟练的建筑商人，使得公民可负担能力的住房成为该地区一个主要问题。由于当地租金的价格上涨到很高的水平，空缺率降到接近零，这造成了对负担得起的出租房屋的大量需求。与本国其他地方的本地市场形成对比的是，土地易获得，授权容易，分区制放松，并且熟练建筑商供应充足的地方，即使家庭收入中位数远低于全国平均水平，住房负担能力也更好。

人口统计规律和便利趋势

总而言之，目前的人口趋势创造了良好的公寓需求前景。1998 年，第一代"回声潮"开始从大学毕业。这些人是第二次世界大战之后"婴儿潮"一代 2700 万名婴儿的孩子。预计这 400 万名接受良好教育的、富裕的"回声潮"消费者，将从大学毕业加入劳动力队伍。我们可以期望看到一年约 400 万名的下一个 18 年。这一动态将导致未来十年的家庭形成的强劲的趋势。事实上，"回声潮"一代的父母过着更加积极的生活，寿命更长，住宅房地产需求趋势很强。未来十年出租房屋需求的预期增长，很大一部分将来自出现的回声热潮，以及婴儿潮一代 45 岁以上的部分。这两个团体已经开始影响新开发的公寓社区的设计和设施的发展趋势。

REITs 思想："回声潮"一代推动居宅需求到 2020 年之后

预计接下来的 18 年里，每年约有 400 万名的"回声潮"一代。这一动态将在未来十年支持强劲的家庭形成。

提供先进的技术连接是大多数公寓业主需要的趋势。"回声潮"一代是用电脑养大的，教育设施提供高速上网服务。他们希望有同样的舒适设施，有线电视和多个可用的电话线。这些舒适性类别一直是"回声潮"一代要求最多的类别。商务中心和会议室也是"回声潮"一代的需求，他们经常在家工作。在事实上，商业中心已成为许多辛勤工作的年轻人的社交聚集地。

租房的"婴儿潮"一代和"回声潮"一代的第一个共同要求的便利设施是健身中心。随着健身日益发展的趋势，公寓社区正在增加装备精良的健身中心，与独立的健身俱乐部相抗衡。另一个经常要求的便利设施是单元式洗衣机和烘干机。现在大多数新社区都包含了这个功能。和其他业务一样，不断变化的消费者偏好继续推动着公寓业主提供的便利设施。这使得公寓业主和开发商之间的营销策略更加细分。瞄准老年人租房选择的生活方式策略经历了增长的需求。老年人的租房选择包括具有更高的安全水平的门控社区、设施更完善更大的居住单元和共同领域。资本利得税法的最近改变，取消了房屋销售第一个 50 万美元的利得缴税。这似乎在鼓励一代人考虑居者有其屋。这些税收政策和其他试图影响住房政策的立法措施，值得监督，因为这是联邦政府和州一级立法修补的热门领域。根据人口趋势再加上消费者对租赁的态度不断变化，预计多户单位的需求在未来 10 年里平均每年达 57 万个单位。这考虑到未来十年家庭形成的日益增加和现有公寓的老化。

运营特征

好消息是，公寓租金被调整到市场水平，每个公寓单元大约每年调整一次租金，这也是公寓的坏消息。公寓所有权最具挑战性的方面是租户周转，公寓租户的平均租期约为 18 个月。这意味着公寓业主必须为每个租户找到一个新租户。房地产业中唯一的经历更短的租赁周期的经营者是酒店经营者，他们被迫每隔一天重新租出他们的房间。

在大多数情况下，公寓所有者需要或者六个月或者一年的租赁，这取决于当地市场。短租赁周期允许公寓所有者经常将租金重新定位投到市场，所以公寓业主的租赁损失费用适度。大多数公寓业主也有几个其他较小的来自租户的租金，例如有线电视和本地电话运营商提供的费用，以允许他们以优先进入他们的租户。停车和看门服务也为一些业主提供了额外的收入。因为大多数公寓都有数百个单元，大多数业主拥有数千个单元，少量租户的迁移变化对大多数公寓的运作影响极小。因为大多数人都需要一个居住的地方，公寓被认为是房地产行业中最具防御性的部门之一。公寓单位的物理内饰提供了另一个优点：它们是永久性的，当考虑到物业的经营业绩时，租户改善的费用往往不是一个重要因素。与办公楼相比，办公楼业主可能需要每平方英尺 15~30 美元的租户改善，以出租空置面积。事实上，大多数公寓业主的最大的可变费用是当一个租户离开时，再营销空置单位的成本。

住宅房地产投资信托基金（REITs）的回报率是所有房地产投资信托（REIT）行业中最稳定的（见表 11-1）。在过去五年中，住宅部门的年平均回报率为 16.3%，是任何房地产投资信托（REIT）行业中最高的。住宅部门的波动率是标准差的 16%，仅次于制造型家庭社区的波动率。住宅物业的稳定和防御性，以及积极的人口趋势，使住宅行业的长期前景非常乐观。

表 11 - 1　住宅房地产投资信托基金的历史行业数据（截至 2005 年）

年份	2005	2004	2003	2002	2001	2000	1999	1998	1997
A 组									
行业总回报率（%）	14.7	34.7	25.5	-12.9	7.4	35.5	10.7	8.8	16.0
服务收益率（%）	8.1	8.2	8.3	6.7	7.0	9.1	7.9	5.6	7.2
估计的净资产变化率（%）	106.0	112.0	118.0	98.0	105.0	97.0	85.0	98.0	114.0
B 组									
市场市值（十亿美元）	55.3								
指数权重（%）	16.5								
所有其他部门（%）	83.5								
波动性（%）	16.0								
五年期回报率（%）	16.3								

资料来源：Uniplan, Inc.

记忆要点

- 估计美国所有公寓的总价值为 2.2 万亿美元。
- 公寓约占 24% 的总商业房地产市场。
- 房地产投资信托基金（REITs）拥有约 8% 的公寓单位。
- 公寓型房地产投资信托基金（REITs）占 NAREIT 股权指数的 18%。
- 公寓需求是由人口增长和家庭形成驱动的。
- 目前的人口趋势为公寓需求创造了良好的前景。
- 公寓型房地产投资信托基金（REITs）的回报率是所有房地产投资信托（REIT）部门中最为稳定的。

第十二章　制造住宅社区房地产投资信托基金（REITs）

"房子是用来让人生活在里面的机器。"（勒·柯布西耶，1923）

制造业型住宅行业往往被误解，一直被许多非专业的观察家所诟病。拖车停车场等词汇被用来指制造型住宅社区（MHCs）和生活在那里的人，当然暗示的是不正面的形象。虽然对该行业的负面看法是普遍存在的，但MHCs 所有权的经济性令人信服。在许多方面，MHCs 具有多户单位或公寓所有权的积极属性，却较少负面属性。事实上，该部门的经济是如此的引人注目，山姆·泽尔，传说中的房地产投资者，是第一个公共 MHCs 的房地产投资信托基金的创始人。公司于 1993 年上市，发行 Zell 的组合，自20 世纪 80 年代初，质量逐渐提高。尽管其饱受诟病的声誉，有一些聪明的资金参与到该房地产行业。将制造的家与 MHCs 区分开来是很重要的。在 MHCs，业主提供了土地和改善，制造型房屋位于其上。作为 MHCs 所有者，社区提供街道和公用设施，公共区域的设施，以及制造的家庭社区所在的场所。MHCs 拥有者不拥有实际制造型房屋；社区居民拥有自己的住宅。这些房主支付租金给 MHCs 业主，使用他们的制造型房屋所在地的地点。因此，MHCs 所有者维护公共区域和基础设施，房主负责维护住宅本身。这是 MHC REITs 和公寓 REITs 关键的区别。这也是 MHC 业主与公寓业主相比所拥有的主要经济优势。

活动房屋简史和 MHC 房地产投资信托基金（REITs）

1993 年，房地产投资信托基金（REITs）的投资者首次获得机会参与MHCs 房地产投资信托（REIT）的公开发行。第一名公司上市的所有者是山姆泽尔。另外三位私人 MHC 拥有者，很快在同一年晚些时候进入这个公共舞台。

在 1993 年之前，业主包括一些辛迪加，致力于 MHC 财产和有限合伙。然而，当时的小私有业主仍然是绝大多数。这些房产的所有权很少或根本没有归属于机构房地产投资者。制造型住房的负面名声使那些经常持怀疑态度的机构投资者退出了这个行业。建造制造型房屋的行业在 20 世纪 40 年代就出现了，那时移动房屋和露营拖车被广泛用作临时住房和度假屋。第二次世界大战后，随着退伍老兵涌入现有的住房市场，对住房的需求急剧上升。对住房的突然需求导致了移动房屋作为永久性住房的广泛使用。制造型住房起源于休闲娱乐用车业务的事实，这可能是该行业在住宅领域没有得到广泛认可的部分原因。如果这行业被想象成建造单户或多户住房的舞台，它可能会被消费者和房地产投资者更好地理解和接受。制造型住宅业由美国住房和城市发展部（HUD）管理。这些法规于 1976 年 6 月生效，优先于任何州或本地的那些适用于被定义为制造型房产品的现有施工和安全规则。若要称得上合格的制造型房屋，HUD 要求有一个车盘和底盘（Chassis and Undercarriage），以支撑车轮把自己从工厂运输出来。由于缺乏工厂安装的自运功能，住宅（Dwelling）就变成了预制房屋（Prefabricated Homes）的类别，并将监管从 HUD 移到了不太可预测的地方建筑检查员手中。联邦法规的目标是更明确地将移动房屋定义为建筑物而不是车辆。1980 年房地产法正式采用这种变化，强制要求术语制造型房屋（Manufactured Housing）（或工厂预制住房）取代术语移动的家。而自 1976 年以来，所有与房屋建造有关的联邦法律与文献都使用移动的家这个术语。这为制造业创造了一个新的时代。

据估计，美国有 930 万套制造型房屋和 28000 个制造型房屋社区（MHCs）。这百万户制造型房屋绝大多数位于制造型房屋社区内。全国房地产投资信托协会（NAREIT）股票指数包括五家公开上市的 MHC 房地产投资信托基金（REITs）。这些房地产投资信托基金（REITs）是住宅部门的一小撮（Subgroup），占总指数的 2% 左右（见图 12 – 1），截至 2001 年 9 月 30 日市值约为 23 亿元。当与公寓房地产投资信托基金（REITs）合计时，住宅部门总体上占 NAREIT 股权指数的 22%。

质量分类

出于投资目的，MHCs 的质量范围很宽。A 类社区具有度假级的质量。

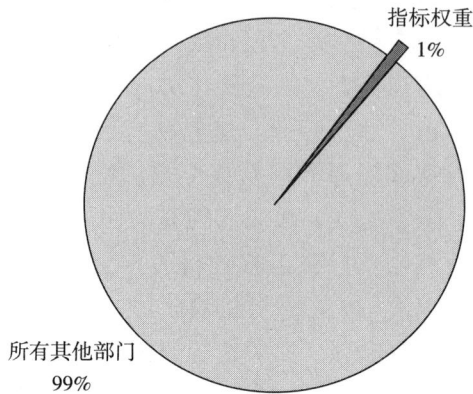

指标权重
1%

所有其他部门
99%

资料来源：Uniplan, Inc.

图 12 – 1　制造型房屋社区占 NAREIT 股票指数的比例

类似的设施，在某些情况下，甚至超过 A 类公寓社区的规范。修剪整齐的草坪、高尔夫球场、游泳池、网球场是一些比较好的 MCHs 能够发现的特征。

在质量谱的低端是 C 类社区。这是一个狭长的、古老的、活动的小房子，挤成一排排，没有任何设施。C 类社区符合 MCHs 邋遢的形象。

如同讨论至今的使用评分系统和区别 A 类、B 类和 C 类的其他类型的结构和财产一样，MHCs 也相同。分类部分是主观的，留下了解释的余地。分类只是试图将财产广泛地归为可由知识渊博的非专业人士认可的群或一般类别。一般来说，MHC 房地产投资信托基金（REITs）往往投资于 B 类或更好的社区，而大多数房地产投资信托基金（REITs）集中投资于 A 类社区。

社区类型

MHCs 可分为两大类。第一类是不受限制地接纳居民的一般社区。第二类是 55 岁以上成年人的高级生活社区。每种类型的社区都有自己独特的优势和挑战。

一般情况下，中等收入的房主通常聚居在一般社区中。居民的平均家庭年收入约为 27000 美元，其中 65% 的家庭只有一位或两位成员。这些居民比住在高级社区的居民流动性更强。对于新租户，财务统计要求管理层更加勤勉，并难以大幅提高租金。这些居民的流动性可以创造比一般社区更高的租户周转率。老年社区往往比一般社区有更稳定的人口和更低的流动率。虽然老年社区有固定收入的居民，但他们往往比一般社区的同仁更富裕。许多老年人在高级社区拥有自己的季节性居住的第二套房子。因为大多数居民已经退休了，手上有更多的时间，组织了强有力的房主协会，可以有效地组织起来，反对增加租金，以及维护和便利设施方面的管理成本。

每种类型的社区都有自己独特的优势和挑战。然而，成功的 MHCs 业主最关键的是勤奋、高质量的现场管理。如果没有很高的管理标准，社区的特性很可能会下降。这导致越来越多的不太理想的居民取代了以社区为导向的优质业主。正如人们常说的那样，这种死亡螺旋很难逆转，需要多年的细致管理才能纠正。因此，良好的管理质量在 MHCs 领域尤为重要。

MHCs 需求和住宅市场动态

制造型住房需求的增长是由其与传统建造的同样大小的房屋相比的可负担性驱动。制造型房屋的最终成本大约是传统房屋建筑的一半。这种可负担性因素推动了住宅市场两个关键部分的需求：退休人员和中等收入家庭。

在过去十年中，制造型住房的质量取得了重大进展。如阳台和露台等特色和设施是常见的。新一代住宅通常由两个或多个建筑部分现场组装。这种双重功能的特点，再加上附加的建筑细节，如车库和门廊，使这些房屋制造与传统建造的性能几乎没有区别。

这些产品的改进导致了消费者对新的和现有的制造型住宅的需求不断增长。这得益于一系列更好的融资选择。在过去，制造型房屋通常是作为个人财产融资的，这使得融资安排只能通过专门贷款人来获得。现在，传统的金融机构提供了大量的贷款项目，其贷款结构非常类似于传统住房期限。买方可选择期限为 30 年的贷款。房子可以作为个人财产来融资，在 MHCs 租赁土地或私人场所上。这种融资选择灵活的增长也有助于这一住房部门的需求增长。

人口统计学和便利趋势

总的来说，目前的人口趋势为 MHCs 需求创造了良好前景。7800 万名第二次世界大战后的"婴儿潮"一代正在迅速接近退休年龄。这一代人的财务前景比父辈们更加稳定。他们往往更注重休闲，对设施的要求一般更高。这使得 A 类 MHCs 在度假和退休领域快速增长。这些社区迎合了越来越多的"婴儿潮"时期出生的人们在休闲地区购买第二套住房。制造型住房的可负担性使这成为 MHCs 业主的增长领域。

扩大的负担能力和提高的质量，也使得制造型住房在每年收入低于30000 美元的工薪家庭中流行。因为 MCHs 提供了可负担得起的住房所有权的机会。当人口趋势与消费者对制造型住房不断变化的态度相结合时，预计未来五年，制造型住房需求平均每年将达到 37 万个单位。据预测，其中大约 20% 将是替代性住房，而 80% 将成为现有制造型住房的补充。

运行特征

更低的租户流动率是 MHCs 与公寓的一个关键的区别因素。MHCs 的年平均流动约为 20%。这意味着一个 MHC 车主每五年只需要更换一个场地承租人，而公寓部门的周期是每 18 个月。而且，在 MHCs，即使有一个租户流失了，很可能不会有租金收入的中断，因为每年只有 5% 的制造型房屋在社区间迁移。更可能的是，房子将被卖给另一个业主，他将在销售结束的当天开始支付租金。在此之前，卖方支付占领场地的租金。非常低的静态的空置率是 MHCs 另一个有趣的方面。一旦社区被填满，它通常总是满的。只有业主将制造型房屋移动到另一个场地时，原场地才有空。这发生在少于 5% 的时间内。一旦社区满了，就创造了一个非常稳定的占有水平。MHCs 受到新建筑影响的可能性也很小。即使附近新建了一个社区，业主也不太可能因为成本过高而搬迁（高达 8000 美元）。

MHCs 房地产投资信托基金（REITs）的主要优势是资本支出率低。MHCs 往往耗费净营业收入的 5% 用于资本开支。因为业主只负责公共区域和基础设施，所以资本开支往往是最小的。伴随着 MHCs 中布置更高水平设施的趋势，资本支出金额预计在未来五年将增加。不过，租金增长的幅度可望以适当的毛利超过资本开支的增长。一些积极因素也导致了 MHCs 部门的消极方面。居民的性质和稳定的居住特征，使租金很难以高于消费价格指数一个或两个百分点的速度增长。同样的因素使得在积极的市场环境中增加盈利的可能性不大。将需求转化为经营杠杆的能力是最小的。通过增加更多的站点来扩展现有社区是实现该部门经营杠杆的主要手段。

房地产投资信托公司也发现，由于缺乏良好的收购可能性，MHCs 领域的增长受到限制。缺乏大量有意义的大型私人业主使收购战略变得困难。据估计，大约有 3500 个私人拥有的 A 类社区，将获得 MHC 房地产投资信托（REIT）部门的收购兴趣。但是，与稳定的 A 类投资组合联系的高毛利润率却很少为更大型的房地产投资信托基金（REITs）创造购买机会，因为在任何给定的时间没有多少卖家。大量碎片化的老业主基本上是松散的，而且大多数单个社区大小或规模都不能引起机构购买者的兴趣。这使得新社区的开发成为外部增长的主要动力。这是一个有利可图的途径，但它需要一个巨大的初始资本用于土地和改善，而且，一个大社区完全租赁出去往往需要五年时间。

汇总数据

虽然 MHCs 只是住宅房地产投资信托（REIT）的一小部分，MHCs 所有权提供了与公寓所有权相比的一些非常积极的属性，当然值得审视将 MHCs 包括在一个多元化的房地产投资信托（REIT）组合里面。在过去五年中，MHC 房地产投资信托基金（REITs）的回报一直是所有房地产投资信托（REIT）行业中最稳定的（见表 12 - 1）。在此期间，制造型住宅部门的平均年回报率为 7.9%，在所有的房地产投资信托（REIT）的五年回报中，是第三个最高的。按标准差衡量的制造型房屋部门的波动率为 15.5%，表明这是最稳定的部门。制造型住房总量的增长，以及制造型住宅场地普遍受到的限制，使得该部门的长期前景普遍看好。

表 12 - 1　　制造型房屋部门的历史数据（截至 2005 年 12 月）

年份	2005	2004	2003	2002	2001	2000	1999	1998	1997
A 组									
行业总回报率（%）	-2.6	6.4	30.0	-4.8	8.7	20.9	-2.8	-0.9	18.7
股息收益率（%）	4.2	11.2	8.5	5.1	7.0	8.3	63.0	5.2	7.0

续表

年份	2005	2004	2003	2002	2001	2000	1999	1998	1997
估计的净资产变化率（%）	110	104	99	100	97	84	86	105	119
B 组									
部门市值（十亿美元）	2.7								
指数权重（%）	1.0								
所有其他部门（%）	99.0								
波动性（%）	15.5								
5 年期回报率（%）	7.9								

记忆要点

- 美国估计有 930 万套制造型房屋，估计价值 120 亿美元。
- 美国估计有 28000 个制造型房屋社区（MHCs）。
- 房地产投资信托基金（REITs）估计拥有的制造型房屋停放场所的 5%。
- 制造型房屋社区 REITs 占 2% 全国房地产投资信托协会（NAREIT）股权指数。
- 制造型房屋布置场所的需求由制造型房屋的销售增长所驱动。
- 制造型房屋的可负担能力创造了有利的制造房屋单位需求前景。
- MHC 房地产投资信托基金（REITs）的回报率是所有房地产投资信托（REIT）中最稳定的。

第十三章　办公型房地产投资信托基金（REITs）

我对任何人都不钦佩，因为办公室是一个社交中心，但实际上并不是完成工作的地方。（凯瑟琳·怀特震思，1962）

美国办公室市场建筑行业的总价值估计为 1.05 万亿美元。这一数字包括所有业主自用的公司办公室房地产，估计为 2000 亿美元。其余 8500 亿美元的写字楼物业属于投资者所有。总的来说，包括业主自用的建筑物，大约占商业房地产市场总量的 20%。房地产投资信托基金（REITs）估计拥有 8% 的非公司自有办公部门。公开交易的办公房地产投资信托基金（REITs）作为一个群体，约占全国房地产投资信托协会（NAREIT）股票指数的（见图 13.1）21%。

办公型房地产投资信托基金（REITs）部门

尽管它不是房地产投资信托（REIT）整体，或者整个房地产饼图的最大部门，但是，大量的时间和精力都集中在办公室部门。这是因为这样一个事实，即这个部门可能提供任何房地产类别的最广泛的机会和挑战。对业主和投资者来说，面临的挑战是预测经济需求，评估和利用资本市场，以及与租户和潜在租户打交道，同时评估当前和未来的供求趋势。这些租户需要不断地改变空间和持续的财务状况。管理好这一系列复杂挑战的所有者和投资者可以通过管理和财务杠杆实现卓越回报，并创造高附加值的投资回报。

影响写字楼行业的各种因素，以及所涉及的业主和投资者数量，使该房地产板块成为最不稳定和周期性的部门。写字楼业主的主要客户是企业。房地产业中唯一的主要用户是商业租户，是工业房地产部门。这就是为什么办公室和工业部门经常集中在一起讨论和分析的目的。此外，大量的商业建筑将办公空间和工业空间结合在一起。为本章讨论的目的，办公室和混合使用的办公室—工业财产被视为单一组。纯粹的工业地产部门与写字楼部门有许多相同的问题，但在物理和投资属性方面是独一无二的，值得在第十四章单独讨论。

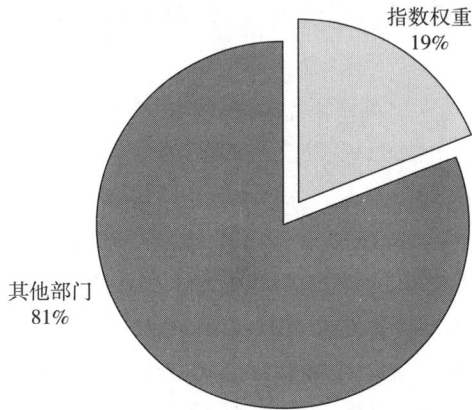

资料来源：Uniplan，Inc.

图 13 - 1 办公房地产投资信托基金（REITs）作为 NAREIT 股票指数的百分比

质量分类

就投资目的而言，办公楼建筑与大多数其他商业建筑一样，都是按主观质量等级划分的。个人财产根据质量被归类为 A 类、B 类或 C 类。在本书中已经讨论过的房地产市场的其他部门，一个给定财产的年龄和它的分类之间有很强的相关性。物业的建筑质量、当地市场的位置和设施的水平都是物业分类的因素。地方标准也对质量评级有一定的影响。

在明尼阿波利斯市中心的新办公大楼，根据其年龄和盛行的当地市场标准，可能会被认为是 A 类项目；但是，在休斯敦市中心，同样的建筑因为它缺乏建筑材料和设施，可能会被认为是一个 B 类项目。建筑材料和设施是休斯敦较高的当地市场标准的一部分。对于办公楼来说，A、B、C 分类是主观的，就如公寓和制造型房屋社区一样，留下了许多解释的余地。

A 类写字楼往往是当地市场上最新的建筑。它们一般都是由高质量的材料（大理石、花岗岩等）建造而成，在当地市场标准中处于最佳位置。

A 类建筑通常也提供比一般办公楼更高的设施。一个巨大的豪华大厅，高耸的拱形空间突出来，队伍齐整的保安站，是大多数甲级建筑的舒适设施。家政服务、会议设施、健身俱乐部设施、零售和餐饮服务，以及其他生活方式设施等由职业人士提出的需求。这些职业人士人占据建筑是典型的 A 类物业的特征。A 类物业的租金与在同一市场的新建楼宇的租金相似。

B 类建筑物往往比 A 类建筑稍微旧一些。在许多情况下，B 类建筑比本地办公市场的一般建筑稍旧一些。在一些市场，有许多最新建筑，B 类建筑就可能意味着是一座 10 多年的建筑。在其他市场，它可能意味着一座 20 多年的建筑。

无论如何，B 类建筑都是一栋新建筑物的光泽已经褪去的建筑物。B 类建筑物提供的生活设施比 A 类建筑更为有限。B 类建筑可能在当地市场位于更为一般的位置。B 类物业中的建筑材料和改进与社区标准相比，往往处于平均水平。而 A 类办公室与当地社区标准相比具有高于平均水平的建筑特点。

C 类建筑物往往是给定社区中最古老的建筑物。这些建筑物通常是再利用的，最初是为特定用途而建造，然后重新改造并适应于另一种用途。旧的多层城市仓库建筑被改造成阁楼式的办公室或居住的工作空间，是 C 类物业的典型代表。这些建筑往往位于不太理想的社区，可能有办公室和工业性质的混合。C 类建筑物的设施很少，而且在当前使用中通常功能陈旧。C 类建筑物很少由公开交易的房地产投资信托基金持有，除非被购买用于翻新或再开发至 B 类或更好的水平。

这些分类充其量是主观的。他们试图将财产广泛地概括为易于被知识渊博的观察者识别的一般类别。为了谈判目的，建筑物通常被潜在买方分类为 B 类，被卖方划分为 A 类。至于更复杂的事情，房地产专业人士经常在大类中创造细分。更好的 B 类财产通常被称为"高 B"，较差的 A 类建筑物被称为"低 A"建筑。这些区别有助于房地产专业人士，但对于门外汉来说则常常混淆。然而，一般来说，房地产投资信托基金（REITs）往往投资于 B 类或更好的办公物业。

物理结构分类

除了刚刚讨论的质量分类，办公楼也按规模和风格分类。在广义上，这些分类如下面所述：

- 低层。通常在三层以下，经常为联排别墅风格。

- 中层。超过三层，但须符合当地相关标准。例如，一个15层的办公楼是密尔沃基的一座高层建筑；但在芝加哥或纽约，它是一个中层建筑。

- 高层。大多数当地房地产通常是15层以上市场。

- 柔性。通常称为研发，这些财产通常建立在混合使用区域较小的一片土地，在一个建筑物内结合办公室和轻工业空间。

- 办公园区。绵延的郊区，低层、中层建筑散布在校园般的环境中。常常有额外的土地可用于扩建现有设施。

楼层数量是建筑物分类的一种简单方法吗？这是一个容易识别的功能。建筑物的高度也影响建筑物的运营成本。一般来说，较高的建筑物有较高的运营成本，建造也较昂贵。高层、中高层物业最常见于高密度城市地区，那里土地价值高，可获得性稀缺。低层办公室园区项目往往位于郊区，密度和土地成本都不是问题。在很多情况下，郊区办公室园区分期建成，以保持供需平衡。每期郊区办公项目的风格和设计，可能是单个租户的结果，或者开发人员正在寻求特定位置的租户类型的结果。子市场动态也对建筑类型和风格产生影响。土地使用限制或其他区域性法规（Zoning laws），诸如最大建筑密度和建筑高度限制等，最终会影响房地产建筑的类型和风格。这些限制在某些市场上更加突出，并影响建造什么和建筑物的位置等方面。

市场动态

在避税驱动的房地产时代，最超建的和不稳定的部门是写字楼部门。从1982年开始，美国写字楼的空缺水平约为6%。随着经济从工业生产转向信息时代，需求前景预计将强劲。建设始于20世纪80年代中期，直到1990年初才停止。使问题更严重的是，90年代开始，美国工业开始了长期的企业裁员。到那个时代结束时，一些主要市场的写字楼空置率已经飙升到25%以上。美国花费了五年多时间，全国写字楼市场才吸收了过剩的写字楼供应，并恢复到正常的长期供求平衡。那些在20世纪90年代初购买写字楼的人，随着写字楼市场十年后趋于正常，获得了惊人的回报。

对办公空间的需求与办公室就业或就业增长预期的增长密切相关。这种增长是由地方和国家经济总体宏观经济趋势驱动的。总的来说，地方经济对办公空间的需求受到以下因素影响：

- 供应商和客户的所在地。
- 现有的熟练劳动力池。
- 道路、停车、机场和公共交通等基础设施。
- 员工生活质量设施。
- 首席执行官居住地区的相对位置。
- 地方政府对商业的态度。

供应动态始于当前的市场和子市场的空置率。这是任何寻找新的或额外生意空间的分析起点。可用空间的混合也是一个因素。例如，市场上可能有大量的 C 类空间，同时可能有少量的 A 类和 B 类空间。或者可能有大量的小空间，面积不到 10000 平方英尺，但没有一块超过 50000 平方英尺的空间。可用的空间混合问题可以在给定的时间内影响市场动态，这取决于给定类型和空间大小的需求侧是什么。转租空间（通常称为影子空间）在供给侧动态中起着重要的作用。这是在法律上有义务的承租人试图重租赁或转租给另外一个房客的空间。在最坏的情况下，业主可能会与现有租户竞争，以便在同一栋楼内进行出租活动。想象一下，一幢五层 200000 平方英尺的郊区办公楼，有一个 40000 平方英尺的空置楼层，业主通过广告来出租。然后想象一下，同一栋楼里的一个房客出租了两层楼，总共 80000 平方英尺，租期还剩下五年。承租人决定缩减其郊区的运行规模，并在另一个位置巩固业务，从而腾出一个楼层。承租人因为租赁契约，有义务继续支付租金，但它试图将那些40000 平方英尺与大楼的所有者展开租赁竞争。在大型活跃的写字楼市场，这不是一个不寻常的问题。

除了空置率和影子空间外，本地市场分析的另一个重要因素是可察觉的新空间供应。有计划的发展，批准的建筑许可证，以及正在建设的全部工程，以表明新的供应。好消息是，由于大多数新的办公房地产项目的规模，这种新的供应往往非常明显。此外，它非常明显地，因为规划和建设办公楼，需要一个相对较长的时间。空置率、转租的空间，加上新的开发，这些组成了总的市场供给曲线。

预测对办公空间的长期未来需求是出了名的困难。如前所述，影响写字楼市场动态的众多复杂的变化因素，很难预测，短期内反复波动。从长远来看，美国经济预计每年的办公室空间平均需求量约为22500万平方英尺（记住，这个数字可能会迅速上升或下降）。这一数额中，每年4500万平方英尺的需求预计来自于现存办公物业的过时。

影响办公房地产行业的趋势

20世纪80年代初，发生了一件有趣的事情。郊区办公空间的总量超过中央商务区（CBD）或市区办公空间的总量。从那时起，郊区的空间增长速度是CBD空间的两倍。这清楚地表明了美国城市郊区化的日益发展趋势。这种趋势始于20世纪50年代，当时人们沿着新的高速公路走到新的独栋住宅。然后，我们目睹了美国20世纪60年代和70年代的购物中心文化，当时购物设施跟着人口走向郊区。20世纪80年代初以来，郊区办公楼的增长导致了工作岗位转移到郊区，围绕着几十个CBD，形成了郊区新城区。这些郊区城市比他们周围的许多老城市都要大。人们普遍认为这种对区位需求变化的解释是城市劳动力市场理论，即城市在向上发展之前趋向于向外发展。一旦房屋向外建造，它就提供一个固定资产基础，并有与其替换相关的机会成本。这一成本延迟了几十年甚至几个世纪的最终到来的替代。其理念是住宅发展通常首先向外移动。只在地理或距离限制向外运动后，空间才进行向上的再开发。随着向外发展，居民进入CBD的通勤时间越来越繁重，比垂直开发更为繁重。随着通勤的增加，企业开始考虑郊区的前景。从理论上讲，在郊区，公司可以以较低的工资吸引工人，因为这样的工人通勤较少。这一理论预测，CBD内可比工人的工资将高于近郊地区的工资，比远郊公司支付的工资更高。对工资模式的研究表明这是真的。

为什么这很重要？在房地产界，这种趋势警告了许多机构房地产投资者，其中包括拥有A类CBD写字楼的房地产投资信托基金，因为这意味着大多数公司最终将搬到郊区，造成CBD办公物业价值的下降。然而，有几个因素限制了这一过程。第一，使用不同劳动力的雇主在一个郊区找不到广泛的工人。由于住房开发的历史模式，不同技能的工人经常分散到不同的郊区。社区分区标准通常加强这些模式。如果经理住在北岸，而行政人员住在南岸，密尔沃基也一样，最容易进入的地方仍然是 CBD。第二个因素是公共交通系统和现有的道路模式。在一些大都市地区，交通系统是为了在郊区和 CBD 之间移动工人而建造的。轨道交通系统往往提供强有力的辐射联系，有助于 CBD，并减缓了郊区的开发。因此，一个城市的交通系统的历史发展，强烈地影响着公司的分散能力。

写字楼地产行业的另一个大议题是远程办公对办公空间需求的影响。电信和信息革命与郊区办公室化的趋势密切相关。因特网、计算机、移动电话、电子邮件和传真都意味着面对面的人际交流在许多企业的运作中不那么重要。今天，一家公司的各个部门很容易在不同的地方分散进行工作。销售、营销和其他形式的商务交流也不再依赖于直接的个人接触。随着业务联系成本和需求的减少，企业将能够利用郊区位置提供的较低的工资和成本结构。一个不幸的例子是"世界贸易中心"的丧失，尽管它的名字，是一个经济创伤，很快就被郊区化治愈了。

目前还不确定远程办公是否改变了办公空间的需求结构。然而，它有助于扩大大多数企业分散经营的能力。它也影响了企业使用的空间类型和风格。例如，计算机使用的增加对更复杂的楼层地板和布线系统提出了要求。经常出差和使用笔记本电脑作为组织联系的员工，很少拥有固定的办公室；相反，他们使用适用于临时上班的雇员的办公室或小隔间。

这些因素和趋势导致标准工作条件发生了根本性变化。公司正让员工进入开放的办公室，允许更多的员工在更小的空间里工作。在办公室环境中，每个人的空间分配已从 20 世纪 70 年代中期的 350 平方英尺，下降到今天的约 225 平方英尺。预计这种趋势将继续，因为技术让更多的员工远程办公，并保持较小的分散的地点。

汇总数据

写字楼房地产投资信托基金（REITs）的回报率是主要房地产投资信托（REIT）最不稳定的部门（见表 13.1）。在过去五年中，办公室部门产生的平均年回报率为 14.5%，是除住宅房地产投资信托（REIT）外的五年回报率最高的房地产投资信托（REIT）部门。然而，按回报率标准差计算的行业波动率为 20.8%，使其成为主要行业中最波动的。写字楼部门的基本特征使其对经济和商业条件更加敏感，写字楼建设的长时间使得择时安排比周期短的部门更难。

表 13-1   办公型 REITs 的历史数据（截至 2005 年 12 月）

年份	2005	2004	2003	2002	2001	2000	1999	1998	1997
A 组									
行业总回报率（%）	13.1	23.3	34.0	-6.8	-0.8	35.5	4.3	-17.4	29.0
股息收益率（%）	5.1	6.1	9.7	5.9	7.7	8.8	7.9	4.6	6.3
估计的净资产变化率（%）	105	108	110	88	90	93	79	100	122
B 组									
部门市值（十亿美元）	62.6								
指数权重（%）	18.8								
所有其他部门（%）	81.2								
波动性（%）	20.8								
5 年期回报率（%）	14.5								

记忆要点

- 办公型建筑占商业房地产市场总价值的 20%。
- 公开交易的办公型房地产投资信托基金（REITs）占全国房地产信托基金（REITs）权益指数的 21% 左右。
- 房地产投资信托（REIT）在美国拥有约 8% 的投资级办公室物业。
- 办公室部门复杂多变的性质使其成为分析最多的部门之一。
- 预计美国经济每年将创造约 22500 万平方英尺的办公空间需求。
- 通信技术和现代生活方式改变了办公室的需求模式。
- 办公室和工业空间是主要由企业使用的唯一空间。
- 写字楼投资回报率是任何房地产行业中最不稳定的因素之一。
- 在 NAREITs 股票指数有 27 个公开交易的办公型房地产投资信托基金（REITs）。

第十四章 工业房地产投资信托基金（REITs）

工业是企业的灵魂，是繁荣的基石。（卡尔斯·狄更斯，1841）

美国工业建筑总值约为 2.2 万亿美元。这包括价值为 1.2 万亿美元的自有工业房地产，剩下的 1.0 万亿美元的财产是投资者所有的。研究表明，约 10% 的工业空间被分为弹性空间，其中包含办公及工业区，或者办公区，或者工业区，这取决于分类时所采用的标准。投资者所有的工业建筑大约占商业房地产市场实际总量的 15%。房地产投资信托基金（REITs）约占投资者拥有的工业产权的 8%。

工业房地产投资信托基金（REITs）作为一个群体，约占全国房地产投资信托协会（NAREIT）股权指数的 8%（见图 14.1）。请记住这一事实，在指数的办公领域内，约 5% 的部分由办公和工业空间组成的在单一财产内部的弹性财产组成。这些可以分为办公区，或工业区。如果他们被

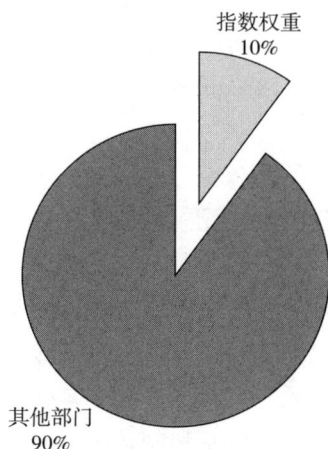

资料来源：Uniplan，Inc.

图 14 – 1　工业房地产投资信托基金（REITs）指数占 NAREIT 权益指数的百分比

分类为工业区，这个类别在全国房地产投资信托协会内的权重股权指数将达到 14%。

一、建筑分类

工业建筑没有标准的分类体系。在许多方面，工业产权是一个涵盖了大量房地产的一般概念。它描述了用于生产或制造产品的建筑物，以及其流通或仓储功能的建筑物。在大多数情况下，工业建筑属于下列类别之一。每个类别通过提供特定类型的建筑功能来服务特定类型的工业租户。

1. 仓库

这是最常见的工业产权类型。据估计，美国有超过 60 亿平方英尺的仓库空间。仓库空间是租户占用最多的，其中超过 70% 的仓库空间被归类为租赁空间。对于被分类为真正的仓库的建筑，不超过总面积的 10% 可以是办公区域。仓库建筑物有多个装卸码头以适应快速装卸卡车。一些仓库也可能有铁路边坡，用于铁路货运。一般来说，现代仓库有高高的天花板以适应货物的垂直载入。天花板高度通常是在 18 到 40 英尺的范围内。

2. 生产车间

这是第二大常见类型的工业建筑。据估计，在美国有超过 31 亿平方英尺的生产车间。与仓库不同，生产车间被拥有比被租用的要多，估计有 60% 是被业主占用。大多数工业建筑的高度专业性，使得投资界对这些类型的建筑物不感兴趣。此外，制造设施越大，其被业主占用的可能性就越大。大型制造设施的日新月异、资本密集型等性质也使大型用户不太可能卷入租赁业务。

3. 弹性空间和研发

这些财产通常是建造在较小规模土地上的混合用途建筑物，将办公室和轻工业空间组合在内。他们通常是一层建筑，天花板高度在 10 到 15 英尺的范围内。办公与工业空间的比例尚未确定，通常取决于租户的最终用途。这种风格的建筑通常有一个卡车装卸码头，并且还有地板高度的装载，以方便使用较小的车辆。约 40% 的这种类型的空间是业主占用，60% 是租赁的。因为将通用办公、仓库和制造空间相结合，这种建筑风格在缺乏规模或规模较小型的私营公司中非常受欢迎，缺少空间支持独立的办公和制造空间。

4. 特殊目的空间

此类别通常保留给不符合上述分类的任何建筑物。在大多数情况下，这些建筑物或者是定制的，以满足特定的需要，例如冷藏仓库，或者是已被再利用于工业用途的过时建筑物。可能在 20 世纪初期开始作为工业建筑的阁楼建筑物，随后被转换为艺术家或广告代理机构的现场生活工作区或工作室，是特殊用途建筑物的典范。孵化器建筑物，通常是大型过时的制造设施被划分为多租户结构，以使新建的小企业能够负担得起。这是特色建筑物的另外一个例子。与大多数其他商业结构不同，工业建筑物不按投资目的的质量等级划分。相反，它们通常按年龄和使用状况分类。例如，建筑物可能被称为较新的建筑物或较旧的仓库。当地市场标准是工业建筑物描述的重要部分。在某些市场认为较久的建筑物在其他地区可能被视为是过时的。这些分类几乎完全是主观的，留下了很多解释的余地。

二、市场动态

对于空间的供应和需求，工业市场是最稳定的。由于工业空间的特殊性，大部分空间直到需求存在时，才被创建。而且，由于建设工业空间所需的时间非常短，供应可以很好地响应需求，或者缺乏需求。例如，在工业用地区域，通常可以在 60 天内获得建筑许可证，建筑物可在三至六个月内建成。与办公楼相比，办公楼从许可到建成需要两年（或更多）的时间。由于周期短，工业空间的供求通常不会不太平衡。这种供需稳定性转化为非常稳定的占用模式。历史上，工业空间空置通常在 5% ~ 6% 的范围内。在极端时期，空置会达到 11%，但很少超过这些水平，即使在竞争激烈的本地市场。

对工业空间的最终需求与美国经济的增长高度相关。不断扩大的经济创造了不断增长的对产品和服务的需求。经济增长也倾向于刺激公司盈利。利润的增加往往导致企业资本支出增加，这也意味着越来越多的越来越好的工业空间出现。相反，任何经济放缓通常都会转变为对工业空间需求的快速下降。然而，由于大多数工业项目的长期资本密集性质，最终用户（无论所有者还是租赁者）通常都是根据对最终需求的长期预测来规划对空间的需求。

某些工业经营的特殊性往往会产生影响当地市场空间需求的本地因

素。例如，芝加哥地区地理位置优越，是州际高速公路、大型国际机场、多个铁路运营以及便利的大湖和密西西比河水道的主要枢纽，因而是销售密集型企业中最受欢迎的地点。需要大量原材料或电力的其他行业，将在其工业空间位置决策中考虑这些需求。工业空间用户，如商业烘焙和装瓶操作，需要在其最终市场附近设厂，以降低运输成本。这些位置因素可以在当地市场上形成特定的需求动态。由于工业空间需求表现的稳定性，以及需求与经济增长的普遍相关性，工业空间的未来长期需求预测与办公或零售等其他房地产业的预测相比，难度相对不大。从长期来看，美国经济预计每年平均需求约为 2.7 亿平方英尺。这是一个相当稳定的数字，包括每年废弃的大约 4000 万平方英尺。

三、汇总数据

工业部门供求周期的性质，使其成为房地产业更稳定和可预测的部分之一。在过去五年中，工业房地产投资信托（REIT）的平均年回报率为 31.9%（见表 14 - 1）。按照回报标准差衡量的行业波动幅度为 16%，成为最稳定的行业之一。工业房地产需求和行业绩效将随着总体经济增长而上升和下降。

表 14 - 1　工业房地产投资信托基金（REITs）的历史数据（截至 2005 年 12 月）

年份	2005	2004	2003	2002	2001	2000	1999	1998	1997
A 组									
行业总回报率（%）	15.4	34.1	33.1	17.3	7.4	28.6	3.9	-16.3	19.0
股息收益率（%）	4.3	6.9	7.6	7.1	6.9	8.8	8.8	4.6	6.3
估计的净资产变化率（%）	106	111	104	98	95	93	79	100	122
B 组									
部门市值（十亿美元）	21.1								
指数权重（%）	10.2								
所有其他部门（%）	89.8								
波动性（%）	16.0								
5 年期回报率（%）	31.9								

资料来源：Uniplan, Inc.

记忆要点

- 工业建筑占商业房地产市场总额的 15% 左右。
- 公开交易的房地产投资信托基金（REITs）占全国房地产投资信托基金股票指数协议的约 14%。
- 工业房地产投资信托基金（REITs）占美国所有工业地产的 8% 左右。
- 没有统一的工业空间分类制度。
- 工业空间，与办公空间一样，主要由企业使用。
- 工业物业是商业房地产市场最稳定的行业之一。
- 工业空间的最终需求预计约为每年 2.7 亿平方英尺。
- 工业模式的变化影响到工业空间的最终需求。
- 有 8 个纯粹的工业房地产投资信托和 8 个主要拥有弹性工业房地产的房地产投资信托基金（REITs）。

第十五章 零售行业房地产投资信托基金 (REITs)

如果你认为美国仍然站得很稳，那谁建造了最大的世界购物中心？
（理查德·尼克松，1969）

全国房地产投资信托协会（NAREIT）股权指数将零售房地产分为三大类。第 28 号购物中心房地产投资信托基金（REITs）是最大的单一类别。有10 个房地产投资信托基金（REITs）专门从事地区性购物广场，7 个房地产投资信托基金（REITs）专注于独立零售物业。零售房地产投资信托基金（REITs）约占全国房地产投资信托股权指数的 20%（见图 15 – 1）。

公开交易的房地产投资信托基金（REITs）拥有约占地区性购物广场三分之一以上的股权。房地产投资信托基金（REITs）代表了大约 50% 的超级地区性购物广场（总租赁面积超过 80 万平方英尺的区域购物中心）的所有权，以及全国所有非购物广场型物业的约 14%。

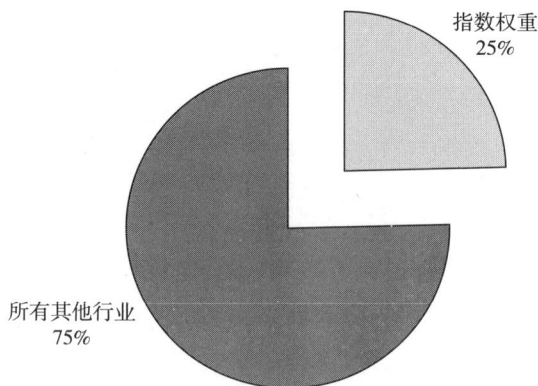

资料来源：Uniplan, Inc.

图 15 – 1 零售房地产投资信托基金（REITs）占全国房地产投资信托股权指数的百分比

一、零售业类别

由于零售房地产业的规模和零售业务的复杂性，零售房地产投资信托基金（REITs）和零售物业的描述就可以写一本书。本章试图对零售房地产的各个方面进行量化和分类。

1. 购物中心包括以下物业类型：

- 超级地区购物广场。
- 地区购物广场。
- 目的地或主题商场。
- 特色购物中心。
- 直销中心。

2. 购物中心包括两大类：

- 邻里中心。
- 社区中心。

3. 独立零售分为两组：

- 电力中心。
- 大型零售店。

地区购物广场类别包括超级地区购物广场、地区购物广场、目的地或主题商场、特色购物中心和直销中心。购物中心包括两个广泛的群体，邻里中心和社区中心。独立零售分为两大类：电力中心和大型零售店。

在美国，美国商务部定义的消费者代表了三分之二以上的国内经济。除了日本，世界上还没有任何地方的零售活动占国内经济这么大的比重。每个月，近2亿名美国购物者访问购物中心。美国文化主要以消费主义为主，迄今为止，美国是世界上所有国家中人均零售空间最高的。美国覆盖着各种形态与规模的购物中心。由于琳琅满目的购物中心实在太多，所以将它们进一步细分是很困难的。

一般来说，零售物业的品质由占有物业的零售商的素质决定。大型高品质零售组织往往具有良好地了解当地市场和贸易领域的能力。因此，当他们在特定地点设立零售场所时，它往往是特定位置的零售流量的主要驱动程序。租户的类型和质量也可以是零售物业分类的一种方式。从财务角度来看，房地产业中最好的租户经常被称为信用租户。这些通常是零售运营商，它们是大型的、全国性的、上市的零售组织的一部分，可以进入公共信用市场，以及主要信用评级机构（如穆迪、标准普尔或惠誉投资者服务）的投资级信用评级。信用租户往往代表零售行业中最好和最成功的组织，并倾向于吸引其他零售房地产项目互补性质的信用租户。因此，一般来说，由信用承租人主导的零售项目通常被描述为 A 类零售物业。由非信用租户主导的零售物业通常归类为 B 类零售物业。

购物中心或零售物业也可以根据其市场位置和他们能够将购物者吸引到零售中心的距离进行分类。邻里购物中心往往位于居民区内或附近，主要贸易区域为三至五英里。社区购物中心往往位于较大的城市街区，贸易区面积为三至八英里。区域性购物中心往往依靠大都会地区进行大部分零售活动，主要贸易区域的范围可能在 5 至 20 英里。零售购物中心的各种分类及其新旧、大小、位置特点等概述如表 15 – 1 所示。

表 15 – 1   **零售物业子类型和相关数据**

名称	规模（平方英尺）	市场区域（英里半径）	主要功能
邻里购物中心	3 万 ~15 万	3 ~5	方便本地人口
社区购物中心	10 万 ~35 万	5 ~10	日常需求一站式购物
地区购物广场	25 万 ~60 万	25	百货
超级地区购物广场	80 万或更大	25 以上	娱乐和目的地购物
直销商场	5 万 ~40 万	多达 75	生产商直销价
电力中心	30 万 ~60 万	5 ~15	主要道路上的主要固定租户

1. 邻里购物中心

邻里购物中心往往是规模最小的，范围在 3 万 ~ 15 万平方英尺。邻里购物中心的主要关注点是方便当地市场用户获得日常生活用品。邻里购物中心倾向于固定杂货店，占地规模 3 ~ 15 英亩。它们通常包含 3 ~ 5 英里的主要贸易区域。

2. 社区购物中心

社区购物中心的面积约为 10 万 ~ 35 万平方英尺，位于 10 ~ 50 英亩的土地上。他们通常把重点放在一般商品上，主要动机为方便使用日用品。社区购物中心可以被视为日常需求的一站式购物中心，并可能在同一地点设有百货公司，药店和杂货店。主要贸易区域是 5 ~ 10 英里范围。

3. 地区购物广场

地区购物广场往往涵盖一般商品、时装，以及一些类型的娱乐设施。地区购物广场通常是封闭式的，而邻里和社区购物中心通常不封闭，设计更统一。地区购物广场的面积通常为 25 万 ~ 60 万平方英尺，占地面积为 50 ~ 100 英亩。地区购物广场的主要贸易区域可以延伸到 25 英里。

4. 超级区域购物中心

超级地区购物广场在商品组合方面非常像地区购物广场。他们的商品种类比地区购物广场更多，也有更多的娱乐活动。超级地区购物广场一般定义为 80 万平方英尺或更大，占地 60 ~ 120 英亩，甚至更大。超级地区购物广场的市场半径为 25 英里，甚至更远，具体取决于其位置。

5. 时尚购物中心或专卖店

顾名思义，这些物业是以时尚或服装为导向，并倾向于吸引高端零售商。由于其特色，时尚商场的面积通常为 10 万 ~ 25 万平方英尺，占地 5 ~ 25 英亩。他们的主要贸易半径可以扩展多达 25 英里，并且在很大程度上取决于地区或超级地区购物中心的竞争。

6. 直销商场

直销商场更倾向于专注通过制造商的商店直接销售的折价商品。规模通常为 5 万 ~ 40 万平方英尺，占地 10 ~ 50 英亩。由于直销商场的特点，他们倾向于从比超级地区购物广场更大的地区吸引顾客。消费者往往愿意开车多达 75 英里，去直销商场购物。

7. 主题或节日购物中心

也被称为生活购物中心，这些购物中心专注于休闲活动或旅游活动，往往更大的空间用于餐厅和其他娱乐类型。规模往往是 10 万 ~ 25 万平方英尺，占地 5 ~ 25 英亩。他们经常位于旅游活动高度频繁的地区或周围。例如，大量休闲或度假物业发现位于美国佛罗里达州的奥兰多和内华达州的拉斯维加斯等地区。

8. 电力中心

电力中心有一个主导类型的固定租户，也可能有一些较小的内联租户。他们就像我们熟悉的沃尔玛或家得宝这样的大型连锁店。电力中心通常为 30 万 ~ 60 万平方英尺，占地 25 ~ 100 英亩。电力中心往往拥有 5 ~ 15 英里的贸易半径，通常位于靠近主要高速公路进出口的高密度住宅区的边缘。

二、零售业的供给与需求

与其他类别的房地产类似，零售空间的需求由国内经济总体增长驱动，对零售、消费品和服务需求的增长敏感度高。零售商品和服务的需求是家庭收入和特定年龄段人口的增长函数，15～25岁和50岁以上的人群通常是零售商品和服务的消费者。然而，应该指出的是，人口和消费者的消费习惯随着时间的推移而改变，良好的零售物业运营商对于生活方式统计的改变对其零售物业的影响敏感。通常，健康的国内经济将比缓慢扩张或平静的经济产生愿意以更高水平和更高速度消费的消费者。

似乎零售物业供应不断扩大是零售物业周期的一部分。自1996年以来，平均2.5亿平方英尺的零售空间已交付美国房地产市场。现有空间约60亿平方英尺，零售空间的基数正在以两倍于美国经济的速度扩张。然而，重要的是，要注意在每年2.5亿平方英尺的交付中，约1.25亿平方英尺代替了处于死亡螺旋状态的某些阶段的过时零售物业，最终将因为现实空置而退出市场。据估计，未来七年，零售市场总额将近10亿平方英尺将在功能上过时，并被从零售物业总库存中移除。同期，零售空间的长期需求约为每年2.9亿平方英尺。零售空间的整体需求将直接受到经济增长水平、消费者的财务状况和零售行业的变化趋势的影响。这些因素中的任何一个都可能对空间需求产生很大的影响。

三、行业动态

美国零售地产行业的动态与美国零售业的动态密不可分。一般来说，很像酒店运营商，零售房地产经营者提供了非常高的增值管理组件。零售业主必须知道并了解零售业的动态，这是他们处理与租户关系的基础。他们通常对其整个零售物业的资产组合都有一个营销计划，以及每个物业的具体营销计划，甚至是物业内的每个空间。这些营销计划通常由一个或多个可能主导零售业的主要租户的营销计划推动。总体营销计划考虑了物业位置相对于人口密度、当前和预计人口增长、当地家庭收入水平和购买习惯等因素，以及该地区的人口年龄谱系。同一市场区域的竞争性零售中心，以及零售中心营销区域内零售业扩张时土地的可获得性，也要考虑。

因此，零售业主倾向于分析所有的市场因素，试图在当地的房地产市场上以最大价值定位零售物业。零售业的这种高附加值成分对于从零售物业的利润中提取价值至关重要。由于每个零售物业的运作水平都不同，所以检查行业动态的最佳方式是按对于物业类型。

四、地区购物广场动态

地区和超级地区购物广场往往是最大的零售结构，通常有两个或两个以上的约占可租赁总面积60%的主导租户。主导租户将零售流量吸引到一个地方，购物广场为吸引主要零售商进入广场成为主导商店，进行精心的零售地产配置。主导租户一般是信用租户，并且在分析当地房地产市场时非常老练。他们了解并认识到自己的流量吸引能力，并利用这些优势。在一个典型的地区或超级地区购物中心，主导租户向房东支付的租金很少，甚至零支付。对于支付零售物业的维持费用，主导租户每平方英尺的供款通常在平均值以下。主导租户通常在购物广场上建造并拥有自己的商店，土地是从房东那里长期租赁的。

（一）专业租户

专业租户，通常称为内联租户，代表零售区或超级区域购物中心经营者的大部分收入。在大多数情况下，主导租户的重磅促销活动为占商场其余面积的内联租户吸引客流量。

专业租户提供大部分购物中心收入，这通常是以每平方英尺的最低租金率为单位，固定的定期增幅是参照消费者物价指数或最低年率上涨。除了最低租金外，购物中心的所有者也会设定基本租金率随租户销售量的增加而增加。这通常被称为租赁中的租金百分比。在许多方面，百分比条款创造了购物中心所有者为零售租户的成功作出贡献的强大动力。这些百分比租金通常以每年基本总收入的6%～8%的范围内运行。此外，专业租户支付公共区域的维护和保险费，代表其按比例分配的购物中心的维护费用。房地产税也按照平方英尺按比例分摊处理。此外，租户必须每年向营销和推广基金提供固定缴款，通常用于制订商场或地区购物广场专业租户的营销计划。在许多方面，商场业主正在努力使商场的财务成功与零售商的财务成功相一致。租户支付租金的能力取决于其销售和盈利水平。一般而言，租金约占平均销售额的 8% ~ 10%。租金加所有其他租户费用通常为销售额的 12% ~ 15%。当然，购物中心的业主享有拥有较高生产力的租户或更受欢迎的产品和服务的租户利益。在一些租赁情况下，每平方英尺销售额达到目标范围的租户可能会以销售额的 7% ~ 8% 支付最低佣金；随着销售额增加到更高水平，这可能会增长到 9% ~ 10% 以上。随着销售和房地产成功的增长，租金也在增长。

（二）租赁关系

零售业主与零售物业用户之间的独特关系需要进行一些特别的分析。在所有房地产类型中，零售物业最有可能在实际签订租赁租约之前就会产生长期详细的租赁谈判。零售商一般认为，每一美元的销售额或每一笔没有付给房东的费用都会落到零售商自己的腰包里。在全国范围内租赁零售空间的国家信用租户组织，通常都有一个经验丰富的房地产部门，可以协商零售租赁的各个方面。独立房地产经纪人通常处理较小物业的租赁活动。主要地区购物广场和大型零售综合楼的租赁活动通常由商场的当地办事处处理，或者在国家信用租户的情况下，直接在租户组织和全国房地产组织之间进行。全国信用租户为具有多个零售物业的大型所有者的所有地点达成标准租赁结构，也是不常见的。在许多情况下，租赁谈判捆绑在一起，覆盖零售中心的组合，并统一管理。这些因素表明，熟练的零售物业管理可以在物业管理和租赁谈判方面增加高水平的价值。

地区购物广场业主非常关注其物业零售商的销售业绩。商场业主对 12 个月或以上的购物中心租户的同店销售水平进行了密切的监测。同店销售的同比表现是衡量商场的零售活动，以及个人租户的绩效表现。在监督个人租户的同店销售水平时，房东可能会开发占有零售业务的表现不佳的租户概况。这可能导致在重新租赁空间时，进行选择性的有针对性的谈判，也可能导致商场业主决定不将空间转让给表现不佳的租户。一般来说，购物中心管理者以每平方英尺的平均销售水平衡量所有租户的总销售额，而不管他们在购物中心的任期，以便提供衡量购物中心吸引消费者流量能力的一个比较的度量指标。

由于位置的不同、租户组合或其他因素，零售商场产生了更高水平的每平方英尺活动的能力，零售商场将对超过其他商场的平均绩效水平，要求租金溢价。因为内联零售租户的租赁包含一个百分比条款，要求租户支付较高的基准租金或预先确定销售额的百分比。这样，商场运营商才真正是租户的合作伙伴。

五、购物中心和独立零售市场的动态

购物中心有三大类。邻里和社区购物中心由促销性租户组成，这些租户往往是折扣零售商或电力零售商。在这些情况下，主导租户可以使用多达70%的中心可租赁面积。电力中心，由类似的折扣零售商主导，同一类别；然而，电力中心90%的空间往往由主导租户占用，只有极少数甚至没有其他零售租户。这些通常被称为独立或大盒子零售中心。最后，还有邻里和社区购物中心，由超市或药店主导。通常找到的一个或两个主导租户占用可租赁总空间的70%。超市和药店可以分开或者合并。

在购物中心，主导租户往往依靠大量推广活动刺激物业的零售业务流量。然而，主导租户支付他们的财产费用份额。在一个典型的购物中心，主要租户支付最低年租金和总销售额最低的租金百分比。主要的区别是，与购物中心租户不同，主导租户的租金百分比要低得多，通常在2%～5%的范围内。在许多情况下，这些主要租户建立和经营自己的单位，实际上可能直接拥有房地产。虽然购物中心可能无法获得地区购物广场运营商享受的租金收入增长部分，但是拥有好的主导租户的购物中心享有高度稳定的租赁流。此外，由杂货店或药房型租户主导的购物中心，往往拥有非常长的租赁结构。找到一家初始租赁期为15～20年可以再延长10年的杂货店零售中心并不是不寻常。虽然这些单位的租金增长速度可能不如地区购物广场，但往往会有更长更加可预测的现金流量持续时间。

六、零售房地产趋势

从长远来看，只有能够在本地市场创造和维持竞争地位的情况下，购物中心才能取得成功。在许多方面，这一成功是由物业老板定期重新改造房地产的能力推动的。在零售物业领域继续处于前列的一个问题是，业主为维持或增加现有的租赁现金流量而需要花费的维护资金水平。特别地，由于美国零售经济的动态和不断变化的属性，这对商场部门来说是一个很大的挑战。在过去十年中，以竞争的方式维持地区购物广场所需的资本支出一直在增加。20 世纪 90 年代初，地区购物广场的经营费用占营业净收入的 3%～5%。这个数字已经大幅上升到 7% 或 8%，而且很多专家认为，长期来看，10% 的营业净收入是必需的。大多数商场业主同意，为了使地区购物广场保持竞争力，物业的资本性整修必须每 8～12 年进行一次。根据目前的建造成本，商场业主每 8～12 年，每平方英尺花费 12～24 美元，以便对零售物业进行重新定位、重新装修、结构调整，并不罕见。一般认为，这种重新开发现有物业的趋势有助于避免死亡螺旋。投资者和零售房地产投资信托基金（REITs）应考虑维持物业所需的资本支出水平的增加，那样会降低可供分配给房地产投资信托（REIT）股东的现金流量。

（一）过时

像地区购物广场一样，购物中心也面临着需要考虑的经常性资本支出项目。在过去十年中，购物中心的资本支出储备已经从营业净收入的约 4% 增长到约 7%。许多专家认为，资本支出储备这一趋势将持续，直到达到 9%～10% 的水平。功能和竞争性淘汰是增加购物中心部门的资本支出的主要原因。物理财产的过时需要进行大规模结构检修，以便在本地市场保持竞争力。竞争性淘汰是重组现有财产的一部分，以适应新租户取代可能离开的主要租户。这也是零售动态变化的结果。例如，一个维护良好的杂货店主导的购物中心，在新的沃尔玛离高速公路几英里里的时候，就会变得竞争力过时。这种竞争性的淘汰通常需要大量的资本支出来重新调整财产，才能再次恢复竞争力。这种过时的形式解释了购物中心区域普遍较高的资本支出水平。

功能老化可以在整个零售房地产界看到，并且嵌入零售物业领域的若干趋势中。例如，超市现在比十年前要大得多。一些商店平均超过 7 万平方英尺，而仅 10 年前，平均数字约为 28000 平方英尺。药店是社区购物中心的另一个主要租户，也修改了经营策略。今天，药房更喜欢基于大型购物中心边缘的独立单位，而不是内联租户的一部分。部分原因是为了适应药店交付的最新趋势：直通药房。大盒子零售商也越来越大。沃尔玛每个店面的平均面积从 10 年前的约 55000 平方英尺增长到目前的约 13 万平方英尺。随着零售格局的变化，旧格局的物业在功能上过时，需要资本支出才能使其更新并保持竞争力。20 世纪 90 年代中后期的低通胀环境，也一直是零售房地产投资信托基金（REITs）的一个问题。如上所述，大多数零售租赁都包含一个条款，指出租户将支付较高的基本租金，或一定比例的销售。在零售价格稳定甚至下降的环境中，通货膨胀带动的租金收入增长并没有达到零售业主在 20 世纪 90 年代初期预期的水平。但是，应该指出的是，这个温和的通货膨胀环境已经被非常强劲的消费需求所抵消，转化为更高的一般零售销售额。

（二）消费者收入和零售收入

零售行业另一个有趣的趋势是，通常在商店和购物中心购买的商品的销售增长率，低于消费者收入增长率。这支持了有疑问的观念：个人收入增长推动零售空间需求。零售销售额的增长率约为零售空间增长率的一半。这一趋势是大多数主要零售商的平均每平方英尺销售额较低水平增长率的原因之一。由于大多数零售租赁的参与性质，较低的增长率和每平方英尺的销售额，对零售房地产业的收益产生了负面影响。

七、互联网和零售

互联网对零售销售和零售房地产价值的影响有很多争议。互联网销售正在稳步发展。行业报告的互联网零售销售情况如下：

1999 年	175 亿美元
2000 年	379 亿美元
2001 年	565 亿美元
2002 年	781 亿美元
2003 年	1090 亿美元
2004 年	1380 亿美元

这是令人印象深刻的销售增长，节假日销售是最快的。这些销售收入的发生是因为 1999 年和 2000 年有更多的人成为互联网用户。然而，由于网络购物者的平均购买量略有下降，这一点有所减轻。这可能是因为 2003—2005 年，更多的购物者进入市场，互联网购物者的增加降低了平均购买量。

长期电子商务销售预测继续上升。一些预测者将互联网零售销售预测从 2005 年和 2006 年的平均增长额分别从 1400 亿美元和 1580 亿美元提高到 1490 亿美元和 1820 亿美元。最强大的电子商务类别包括书籍、视频和音乐、电脑硬件和软件和礼物和鲜花。这三个类别可以在 2006 年之前占据零售总额的两位数市场份额。其他类别，如服装、家居用品和食品，希望在未来五年内实现低至中等水平的渗透率。如上所述，假期购买在互联网上非常强劲。以下是几个不同调查预测的顶级在线假期购买的估计：

书籍和杂志	58%
音乐和电影	55%
电脑和相关	42%
玩具和视频游戏	42%
电子	40%
服装	36%

互联网泡沫的爆发一直是电子商务业务中最为显著的挫折。B2C 互联网公司的资金前景减弱，使得该行业的销售增长放缓。许多现有的互联网公司都面临现金短缺，因为现金"烧钱"率极高，多数情况下盈利的时间很遥远。没有资金的话，来自纯电子商务公司的竞争对于基于商店的零售商的威胁就会大大降低。令互联网精英感到惊讶的是，在电子商务发展中，老实体零售商往往比他们的电子商务竞争对手拥有更好的装备。这些基于商店的零售商正在利用自己的品牌知名度和零售分销网络，而不需要花费数百万美元的增量营销和分销。虽然这对现有的零售商来说是个好消息，但对业主来说，这是唯一的好消息。尽管线上线下相结合的商业模式会战胜线上模式，但是交易量偏离传统渠道的显著转变，仍将导致商店关闭。

虽然互联网的出现可能对零售商的销售产生负面影响，但书籍、音乐、视频和电子产品似乎是受到最大损失的类别。许多房地产投资信托基金（REITs）及其零售客户正在实施互联网举措，以提高运营效率，向消费者增加产品信息的可获得性，在某些情况下，通过互联网和购物中心的融合来提升增长。

总的来说，互联网将继续成长为新的零售渠道。互联网销售的渗透率不可能在零售总销售额的 7%～10% 的范围内。这种情形的出现可能会对现有的邮购和商店零售商产生负面影响。专家估计，未来五年电子商务将使零售租赁的增长减少 50～60 个基点。这不是一场灾难，但这当然是值得关注的一个趋势。房地产投资信托基金（REITs）投资者应该意识到电子商务对零售房地产的风险。然而，也应该考虑购物活动的触觉和社会性。看来，电子商务尚未对潜在的零售租赁活动产生可测量的影响，但互联网将在未来的许多年里仍然是零售房地产行业的一个争论话题。

八、汇总数据

零售房地产投资信托基金（REITs）的回报和波动是平均水平（见表 15－2）。过去五年，零售业的平均年回报率为 28.5%，是主要房地产投资信托（REIT）行业的最低水平。以回报标准差衡量的零售业的波动率为 19.1%。零售业的基本特征使其对经济和商业条件非常敏感。主要零售业建设的长期前景，以及零售业的综合竞争条件，使得该行业的前景不如以前更为有利。

表 15－2　　　　零售型房地产投资信托基金（REITs）的
历史数据（截至 2005 年 12 月）

年份	2005	2004	2003	2002	2001	2000	1999	1998	1997
A 组									
行业总回报率（%）	11.8	40.2	46.7	21.1	30.4	18.0	−18.9	−4.9	17.0
股息收益率（%）	5.2	7.0	8.3	7.0	9.8	10.2	7.1	5.9	7.1
估计的净资产变化率（%）	114	121	124	114	98	79	75	106	116
B 组									
部门市值（十亿美元）	94.9								
指数权重（%）	27.0								
所有其他部门（%）	73.0								
波动性（%）	19.1								
5 年期回报率（%）	28.5								

资料来源：Uniplan，Inc.

记忆要点

- 零售房地产占所有投资级别商业地产的 30%。

- 全国约有43000个零售物业，总可出租面积超过60亿平方英尺。
- 房地产投资信托（REIT）是全国房地产投资信托指数协会最大的行业，约占整个指数的20%。
- 共有45家公开交易的房地产投资信托基金（REITs）专注于零售物业。此外，大约有50%的投资活动的多样化房地产投资信托基金（REITs）拥有财产在一个以上房地产部门的房地产投资信托基金（REITs）的重点是零售物业。

第十六章 酒店房地产投资信托基金 (REITs)

当我想离开这一切的时候，我只是打开电视到一个西班牙频道，并想象我在墨西哥的一家酒店度假。(查尔斯·美林史密斯，1981)

酒店物业的总价值约为2250亿美元。酒店总投资占所有投资级商业地产的约5%。酒店房地产投资信托基金 (REITs) 占全国房地产投资信托协会 (NAREIT) 股权指数的约5% (见图16.1)。酒店业历来是商业地产界最波动的部分；然而，对于酒店房间的需求却很容易预测，因为它与经济活动的总水平非常接近。行业的问题长期以来一直是供给，由于过度建设而引发的繁荣与萧条。酒店有一个有助于他们绩效的房地产要素。位置和财产类型的重要性影响到了酒店成功的程度，这个房地产要素也就显而易见了。

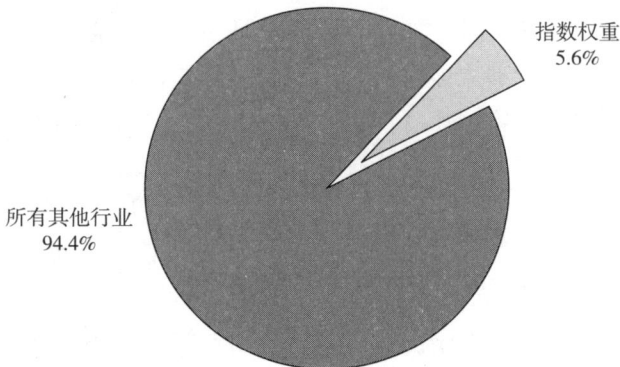

指数权重
5.6%

所有其他行业
94.4%

数据来源：Uniplan, Inc.

图 16 – 1　酒店房地产投资信托基金 (REITs) 占 NAREIT 股权指数的百分比

酒店房地产行业挑战

掌握酒店经营业务是酒店业成功的关键因素。与其他房地产行业相比，运营对于酒店整体业绩的提升更为关键。酒店业主和经营者面临的另一个重大挑战是，他们几乎完全依赖经济周期，经济周期不断增加对客房的需求。

管理是酒店业主具有很大影响力的一个关键因素。（另一个关键因素是经济，酒店业主很少或根本无法控制）。因此，相比任何其他房地产部门，机会代表着在酒店业中获得高水平的运营技能，使业主能够在该部门增值。这些优秀的经营技能通常被转化成酒店品牌，如万豪或希尔顿。酒店经营管理不善不仅会损害品牌，还会吸引管理良好的竞争者进入当地市场。因此，管理技能和酒店房地产投资信托基金（REITs）结合管理技能利用资本的能力，对于从酒店房地产投资信托（REIT）预期得到什么样的回报，是至关重要的。

酒店的收入现金流显然是所有房地产中期限最短的。当客人从酒店进出时，房价（租金）每天都在重置。当需求下降时，房价也随之下降。当需求增加时，房价可以上涨很快，可以说是一夜之间。如前所述，酒店房地产投资信托基金（REITs）相对于经济增长的杠杆非常高。经济增长代表了酒店客房的最终需求。如果酒店需求是在一个酒店供应受限的市场条件下增长的，酒店能够立即重新定价客户，租赁回报就带上杠杆了。一个成功的酒店房地产投资信托（REIT）的运营机构，加上酒店品牌和管理团队，就有能力度过经济衰退，并有效利用经济上升。

酒店行业有广泛的投资者。因此，交易结构很广泛。房地产公司和酒店公司都投资于酒店物业，以及酒店房地产投资信托基金（REITs）和私人投资者。在一个典型的私人情况下，当地的房地产投资者可以建造并拥有一个酒店，然后与一个全国性的酒店公司签订管理服务合同。在其他情况下，投资者和酒店公司可能会组成合资企业，分享股权和投资回报。在20世纪80年代由万豪公司首创的另一种常见形式，酒店公司开发了房地产，然后在保留管理合同的同时，将房地产分割出来转为辛迪加。

将房地产转移到有限责任合伙公司，是减少酒店业务扩张或增长所需资金的一种方法。管理公司反过来创造了一个可预测的收益流，这使它更能吸引华尔街的投资者。

传统的酒店房地产投资信托基金（REITs）不能经营他们拥有的资产。由于经营公司的规定，资产必须由一家单独的公司租赁和管理。这使得对酒店房地产投资信托（REIT）行业的分析更加困难，因为考虑经营公司或几个附属运营公司背景往往是必需的。此外，在分析酒店房地产投资信托基金（REITs）时，通常与酒店法律或所有权没有关系的品牌或资产，也是需要考虑的重要因素。

资产质量

酒店没有如公寓和办公楼那样被指定等级。相反，质量标准是酒店提供房间的价格区间。酒店房间的价格段，通常分为三大类，预算或经济、中等价位、高档或全方位服务。经济房间是最便宜的，全方位服务的酒店往往有最昂贵的房间。然而，本地市场在实际房价中起着一定的作用。例如，150美元一晚在纽约可能是一个经济类酒店，但在得梅因很可能是一个全方位服务的或高档的酒店房间。酒店资产类型也被分解成物业类型的描述。以下是酒店业中较为常见的一些物业描述：

- 会议中心或会议型酒店。有500个或更多的房间。
- 全方位服务的酒店。提供餐厅和酒吧设施，客房服务，餐饮和宴会，并可提供会议空间。
- 有限服务物业。没有食品和饮料业务，可能会也可能不会提供会议空间。
- 长期住宿物业。类似公寓；有一些工作室和套房，专为可能会在特定地点逗留较长时间的商务旅客设计的。

酒店也可以按酒店服务的当地市场或当地市场的具体位置进行分类。在处理酒店物业时，这可以添加另一层描述。以下是一些经常应用于酒店的当地市场分类：

- 城市酒店。一般位于市中心商业区。
- 郊区酒店。经常位于郊区，毗邻大型办公室和工业建筑群。
- 汽车旅馆。通常位于主要高速公路的交叉口，以容纳汽车旅客。
- 机场酒店。通常位于或靠近机场，方便会议和运输的目的。
- 旅游度假酒店。通常在单一位置提供全套度假和豪华服务。

品牌关联是定位或描述酒店物业的另一种方式。根据关联的特定品牌，用户可以很容易地识别价格点或酒店类型。有许多全国性的酒店品牌，可以在全国范围内访问预订系统、广告节目和管理。许多区域品牌将其业务集中在特定的地理区域。为了进一步混淆酒店描述的过程，行业观察者可以使用复合分类来描述酒店物业。酒店物业可分为廉价的郊区旅馆，或有限服务的中等价格的城市酒店。任何复合描述也可能与一个品牌相关联。物业可能被描述为一个廉价的郊区假日酒店。这表明市场已高度细分。

酒店客房供求

估计美国酒店房间的总需求相对较直接。使用酒店的旅行者有三种基本类型：商务旅行者、会议或会议旅行者和休闲旅行者。对于每一种类型，需求主要与经济状况有关。一个强健的经济环境会导致更多的商务旅行，因为更高水平的商业活动。此外，较高的经济增长导致更多的休闲旅行，导致对度假旅馆房间的更大需求。高水平的经济活动也会创造更多的商业会议，也就是说对酒店客房的需求更多。国内经济增长与酒店客房需求之间存在高度的相关关系，受多种因素的影响。驱动大多数交通方式的基本成本的石油成本，通常会影响酒店的入住率。美元的价值也会对美国国内的酒店业产生影响，因为较高的美元会减少外国旅客，而较低的美元使得外国游客更愿意负担旅游美国的费用。恶劣的天气也会对某些酒店经营者造成不利的环境。某一行业的盈利能力会影响其员工的差旅政策。例如，在20世纪90年代末，网站行业蓬勃发展，使成员之间的商务旅行达到了很高的水平。由于该行业经历了严重的经济衰退，旅游政策的重点是减少差旅费用。因此，商业经济中的一个大部门的商务旅行也相应减少了。

酒店客房的供应也受到许多经济因素的影响。在一些市场上，拥挤的城市地区，没有多少可用的土地和难以获得的开发授权，造成了一个普遍受限的地方市场。在旅游旺季，许多度假胜地都属于这一类。例如，加利福尼亚的纳帕谷葡萄酒产区，在葡萄酒季节通常酒店供给相对不足。当地的市场和基础设施不适合新的酒店开发，因为种植葡萄比酒店开发能够更高效和更经济地利用土地。因此，除淡季外，纳帕（Napa）的客房需求通常都超过了供应量。供应受限的市场在经济扩张中往往有利可图，而且由于当地市场的供应普遍有限，经济低迷时影响也不大。

在非城市地区，或酒店供给不受供给约束的地区，这些因素不太真实。经济型、中档型和预算型酒店的价格范围都很简单，也很容易建造，尤其是在郊区，那里的土地和分区提供了很少的进入壁垒。酒店建设可以迅速响应经济的强劲需求。这种新的供应，在良好的经济环境下，可以迅速侵蚀所有酒店的毛利润率；在经济不景气的环境下，造成供应过剩。

酒店往往用称为RevPAR的图跟踪他们的入住率。RevPAR是每间可用客房收益（Revenue Per Available Room）的缩写。这个数字是以每天的平均房价乘以某一天旅馆的入住率来计算的。这些日常收入汇总后，可算出每个周期的平均每间可用客房收益。一家入住率为75%的酒店，被认为接近全部被占用。很少有酒店在平日和周末的入住率都很高，或者在商业旅行者的平日入住率高，或者休闲旅行者的周末。入住率通常也存在季节性差异。如前所述，旅游旺季酒店可能超额预定，而淡季可能几乎是空的。地方特定酒店的需求，通常与带来流量的邻近旅游景点或本地企业相联系。例如，机场旅馆通常为商务旅行者提供一个方便的地点。在会议中心旁边也可以是一个积极因素。此外，度假酒店在很大程度上依赖于他们的自然景点或人造景点如高尔夫球场和水上公园，以及交通的方便性。

经营部门在酒店业务中比任何其他类别的房地产都更为关键。规模经济的好处已经在酒店业中得到检验和证明，所有具有全国投资组合的主要酒店公司在经济扩张和经济衰退中都表现良好。在全国范围经营创造了买方权力，但酒店规模经济的真正关键是一个可识别且受人尊敬的品牌。品牌给酒店经营者提供了杠杆，一是在客户预定方面，二是吸引大量的将品牌视为特定质量水平的顾客，并创建客户关系。当酒店公司扩大其市场或品牌到其他地方时，这些因素提供了真正的优势。强势品牌在特定细分市场中的延伸或存在，往往成为潜在竞争者进入的有效障碍。

酒店业和航空业有许多相同的经营特点。酒店和航空公司都需要大量的厂房和设备投资。它们还需要为员工和预订呼叫中心等基础设施开销大把的固定运营费用。为了保持经济上的可行性，航空公司和酒店每天都要填满座位或房间。对于酒店和航空公司来说，更复杂的问题是收益管理。这就需要找到价格和占有率的最佳组合，以实现利润最大化。航空公司是收益管理系统的先驱，通常在同一航班上为同一类型的座位收取几十种不同的价格。酒店经营者和租车公司也采用了这种做法。这样做的目的是有选择地调整价格，直到取得特定的经济效果。在经济上，用低价格的顾客来填补一个座位或一个房间，比让那个座位或房间空置要好。那间空置的房间或座位永远地失去了当时的收益。收益管理正慢慢进入住宅房地产领域，一些公寓的业主开始在收益管理的基础上定价可获得的住宅单位。

技术方面要记住

研究酒店房地产投资信托（REIT）与一家酒店运营公司的关系时，有许多技术方面的问题需要研究。以下是审查酒店房地产投资信托基金（REITs）时应审查的关键事项：

- 承租人必须在酒店项目方面拥有合法的商业目标。
- 酒店必须租赁给独立于房地产投资信托（REIT）的公司。
- 总收入租赁必须设计成向房地产投资信托（REIT）公司提供大部分的经济收入。
- 租赁必须以百分比或参与租金为基础，而非净收入。
- 酒店房地产投资信托基金（REITs）将客房收入的15%～25%一直到预定的突破点，超过突破点60%～70%。
- 餐饮租金约占收入的5%，如果企业由承租人经营；或者分包商支付租金的95%。
- 突破点每年向上调整，基于消费物价指数的公式。
- 租赁收入可能占酒店收入的30%～35%，但超过突破点，房地产投资信托（REIT）收取的租金是典型加权平均毛利水平的两倍。（这种情况为酒店房地产投资信托基金（REITs）创造了高水平的经营杠杆）。
- 通常平均每房间客房收入1%的变化，可能会导致房地产投资信托（REIT）租赁收入的1.5%～2%的变化。
- 当酒店收入和突破点以同样的速度发生变化时，租赁杠杆效应就消失了。
- 季节性扩大了季度波动，因为租赁公式适用于每季度的年租金。
- 酒店房地产投资信托基金（REITs）可能在季节性较强的第二季度和第三季度收取超额租金，但在季节性缓慢的第四季度会有所不同。
- 关联承租人与房地产投资信托（REIT）分开，但由高级管理人员拥有和经营。在许多情况下，关联承租人是房地产投资信托（REIT）的创始人。

- 独立承租人减少了利益冲突的可能性。
- 承租人可以向标杆酒店业主支付特许经营、许可证和管理费，以使用品牌、预定系统和物业管理。
- 酒店房地产投资信托基金（REITs）负责保险和财产税。
- 酒店房地产投资信托基金（REITs）或承租人通常将酒店收入的4%作为储备，用于家具和设备更换，但6%~7%可能是一个更合适的长期水平。
- 很少有酒店房地产投资信托基金（REITs）公司做任何有意义的开发工作。

绩效

长期而言，酒店房地产投资信托基金（REITs）的业绩，与其他房地产投资信托（REIT）资产类别相比是最好的。然而，按照标准差计算，收益或回报的波动性与增长率相比非常大。酒店业务的利润很难达到最大化，因为需要将资本投入企业，以完善和升级酒店设施。此外，较高的回报波动是由于非常高的运营杠杆和非常高的财务杠杆共同造成的。这种高杠杆在酒店业往往存在。酒店经营的大量的固定成本，以及高杠杆，使得酒店经营者极易受到供应过剩或需求下滑的影响。酒店融资通常是一种更专业的融资形式，意味着较少的贷款人愿意参与该行业。一般来说，对于酒店房地产投资信托基金（REITs）来说，这允许投入资本的经营毛利润率更高。

汇总数据

酒店房地产投资信托基金（REITs）的回报是所有房地产投资信托（REIT）行业中最不稳定的。过去五年来，酒店业的平均年回报率为11.6%（见表16-1），这是除专业房地产投资信托基金（REITs）以外的任何单一房地产行业最差的五年回报，其中包括许多不同的房地产类型。以投资回报标准差来衡量，酒店业的波动率为41.1%，是所有房地产投信托（REIT）中波动率最高的。酒店业的基本特征使其对经济和商业条件极为敏感。房地产投资信托基金（REITs）无论是上涨还是下跌，绩效往往非常极端。

表 16 – 1　　酒店房地产投资信托基金（REITs）的
历史数据（截至 2005 年 12 月）

年份	2005	2004	2003	2002	2001	2000	1999	1998	1997
A 组									
行业总回报率（%）	9.8	32.7	31.7	– 1.5	– 16.3	45.8	– 16.2	– 52.8	30.1
股息收益率（%）	4.8	4.4	7.7	5.5	6.9	14.9	7.9	2.2	6.8
估计的净资产变化率（%）	105.0	108.0	91.0	79.0	89.0	107.0	74.0	89.0	146.0
B 组									
部门市值（十亿美元）	19.06								
指数权重（%）	6.0								
所有其他部门（%）	94.1								
波动性（%）	41.1								
5 年期回报率（%）	11.6								

资料来源：全国房地产投资协会。

记忆要点

- 酒店市场大约为商业房地产总额的 4%。
- 公开交易的信托占全国房地产信托协会（NAREIT）股票指数的 5% 左右。
- 房地产投资信托基金（REITs）拥有美国大约 19% 的酒店物业。
- 酒店通常按房价、规模和位置分类。
- 运营对于酒店物业的整体成功，比其他任何房地产部门都更为关键。
- 酒店物业是商业房地产市场波动最大的部门，但相对回报较高。
- 酒店客房的需求，在很大程度上与国家的经济状况有关。
- 有 15 家公开上市的酒店房地产投资信托基金（REITs）。

第十七章　卫生保健物业

医院的声誉取决于那里死亡的知名男子的数量。(乔治·伯纳德·肖)

卫生保健房地产对于投资大众来说，通常不如房地产投资信托基金（REITs）那么熟悉。许多经营这些房地产的卫生保健提供者，并不为人所知，其经营的监管环境往往很复杂。这些因素使卫生保健房地产投资信托基金（REITs）看起来似乎比其他房地产部门更难分析。

关于卫生保健房地产投资信托（REIT）有几个常见的误解。首先是普遍认为卫生保健房地产投资信托基金（REITs）缺乏增值能力，因为他们不积极管理他们的房地产。这个想法没有基于事实。卫生保健房地产投资信托基金（REITs）通常通过对卫生保健房地产最终投资的仔细选择和谈判，来增加价值。该行业在过去十年中经历了相当大的增长，其回报率一直比房地产投资信托（REIT）其他部门的回报更好。卫生保健房地产投资信托（REIT）部门占全国房地产投资信托协会（NAREIT）股权指数的约5%（见图17-1），市值约为70亿美元。20世纪90年代以来，该部门的

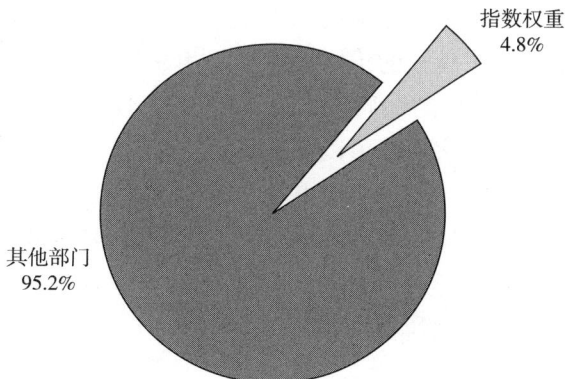

指数权重
4.8%

其他部门
95.2%

资料来源：Uniplan, Inc.

图 17-1　卫生保健房地产信托基金（REITs）占 NAREIT 股权指数的百分比

资本化稳步增长，平均每年增长约15%。然后，在1998~2000年下降，因为医疗保险和医疗补助报销的变化，以及医疗保健行业高度分散的所有权，导致资本的一些错位。

卫生保健经济学

房地产投资信托基金（REITs）是投资者参与医疗保健或服务业增长的一个机会，但也难以消除一线医疗保健机构面临的业务和监管风险。美国医疗保健占国内生产总值的百分比约为13%，而医疗保健服务约占13%的三分之二。在过去十年中，由于许多因素，投资者对医疗保健行业的兴趣总体上有所增加。首先，政府医疗保健制度的改革为医疗保健行业许多支离破碎的部门提供了合并的机会。其次，因为人口统计数据的变化，预计医疗保健行业将增长。美国人口的老龄化也一定程度上创造了对该部门的投资兴趣。尽管房地产投资信托基金（REITs）受到支付流程和其他市场动态的美国政府政策和政府监管的影响，但是，医疗保健房地产投资信托基金（REITs）的股价一般比公开上市的医疗保健提供商的股票波动性要小一些。这主要是因为经常性的收入流、长期的租赁结构，以及房地产投资信托基金（REITs）向卫生保健服务经营者提供的抵押贷款。权衡卫生保健房地产投资信托基金（REITs）投资还是医疗保健行业直接投资，总回报相对较低。

卫生保健房地产投资信托基金（REITs）通过向卫生保健服务行业提供资本来赚取利润业。一般来说，这个资本是由房地产投资信托（REIT）以较低的成本融资，以较高的价格提供给卫生保健行业。卫生保健房地产投资信托基金（REITs）的性质被称为利差投资（Spread Investing）。这是可能的，因为卫生保健房地产可以在良好运营房地产投资信托（REIT）的资本成本基础上，提高50~500个基点的利差，进行交易。反过来，房地产投资信托基金（REITs）通过精心构建每笔与卫生保健提供商的交易，创造日益增长的未来现金流，也可以将总额回报率增加到高于初始利差。这样，一个卫生保健房地产投资信托基金（REITs）可以为其资本结构增加价值。

虽然卫生保健提供者经常可以找到银行和金融公司这样的资金来源，但是，卫生保健房地产投资信托基金（REITs）为卫生保健行业提供了稳定的长期房地产资本。卫生保健房地产投资信托基金（REITs）对卫生保健行业和卫生保健房地产经济学的超级了解，允许其在卫生保健行业提供比其他财务竞争对手更好的资本来源。

美国人口老龄化的人口特征，有助于创造额外的医疗保健房地产需求。大约一半的卫生保健房地产投资信托（REIT）都是针对养老院的。这种物业类型投资的很大比例是由于养老院的供求特点造成的。许多卫生保健房地产投资信托基金（REITs）是从护理房运营商的资产组合剥离开始的。卫生保健房地产投资信托（REIT）的另外一半资金流入其他广泛的保健部门，包括辅助生活部门。辅助生活部门为老年人提供长期护理，是卫生保健基础设施行业增长最快的部分。

卫生保健房地产投资信托基金（REITs）也资助急症护理医院、精神科和药物滥用医院、康复医院、独立医疗和外科医院设施、医疗办公楼和医生诊所。房地产投资信托（REIT）运营商在医疗保健领域的融资可能性一般分为两种结构。第一种是销售/售后回租结构，这是作为一个长期可持续的三净租赁（Renewable Triple－net Lease），承租人支付建筑物的财产税、保险、维修和保养。第二种结构是对直接医疗提供者的长期抵押贷款。在任何一种融资形式下，医疗保健设施运营商受益于将资本投资于其业务增长，而不是将资本束缚在物理工厂、设施或建筑物上。

每种融资结构都有积极和消极的一面。销售/售后回租方式下，运营商希望改善财务报表，从损益表去掉折旧费，从资产负债表降低杠杆，从而导致更高的收入和更低的杠杆。相反，抵押贷款的情况下，业主/经营者希望延迟缴纳较低的投资税，从运营资产产生资本，故抵押资产。因此，从抵押贷款中提取的增量资金，可用于保健房地产投资信托（REIT）的持续运营。

在州政府的医疗补助计划结构下，运营商可能引致对租赁支付类型的医疗报销限制，各州也可能优先考虑抵押贷款。经济条款往往以类似的方式对待租约和抵押贷款。租约或贷款通常有10～15年期限，有一个或多个5年或更长时间的续订期权。根据不同的公式计算，未来付款会逐步增加。在租赁或按揭融资安排下，经营者在该设施的收入的一定百分比可以用于支付。也可能有固定百分比的利率增长或租赁付款增长。

最后，可能有某种指数如消费物价指数（CPI），或另一个通货膨胀度量方法。许多交易中的升级条款称为转换点。一旦总成本结构达到一个转折点，就限制向贷款者或租赁业主的支付逐步升级。在任何情况下，现金流量的增长都是从所有者/经营者，流到房地产服务的资本提供者。

风险

卫生保健房地产投资信托基金（REITs）和投资于其他房地产行业的房地产投资信托基金（REITs）的一个重要区别是，对于一个给定的投资，卫生保健房地产投资信托基金（REITs）从单一经营者获得租金或租赁支付，而不是使用单一财产的若干租户。卫生保健房地产投资信托基金（REITs）摆脱了地产经营风险，但却很大程度上暴露于该地产经营商的信用质量风险之下。卫生保健地产经营者信用质量好的话，允许他们对冲或降低单个财产运营的风险暴露，这是卫生保健经营者必须处理的问题。例如，养老院的所有者/经营者可能有数百个设施的大型投资组合。虽然任何特定疗养院的入住率可能会下降，导致单个财产级别的卫生保健经营者财务困难，但是，资助了该设施的卫生保健房地产投资信托（REIT），却不会遭受营收下降。因为经营者需要用融资的整个资产组合来付款。房地产投资信托（REIT）的固定基础租金或租赁收入，缓冲了对总收入的影响。经营者财务困难，只影响按物业级别收入计算的百分比租金，基本租金或租赁收入一般不受这些物业级别收入调整的影响。因此，房地产投资信托（REIT）的真正风险是经营者违约，因为整个组合的回报都不理想。

医疗服务行业经济与人口统计学

如上所述，卫生保健占国内生产总值的 13% 左右。卫生保健服务业约占总数的三分之二。从人口学的角度来看，人口总数中有两个年龄段的增长速度比总人口要快（见图 17.2）。首先，超过 85 岁的年龄段是整体人口增长最快的部分。其增长率目前约为百分之四，而总体人口的增长速度略高于 1%。在未来的 15 年中，预计 65 ~ 85 岁的人口群体（基本上是"婴儿潮"一代的前端部分）将以非常快的速度开始增长。该部门的增长率会从 2000 年的约 1% 上升到 2015 年的 4%。因此，需要卫生保健服务提供人口老龄化所需的许多服务。目前保健服务行业的主要特点是，对未来增长和运营问题的高度不确定性。这种不确定性是由于行业内部高度分散，供应商之间竞争非常激烈，导致医疗服务提供商的利润下降。此外，由管理型医疗公司和州和联邦供应商提供的成本控制努力，使医疗保健领域的利润率保持在很低的水平。增加新形式的卫生保健服务的竞争，如辅助生活设施，门诊医疗/外科中心，也提出了关于哪种卫生保健提供方式最有可能取得成功的问题，以及从经济的观点来看，哪些类型的工厂和器材的资本投资最终将得到回报，哪些将变得过时并失去价值。这些问题导致许多卫生保健服务行业运营商的财务质量较差。这是卫生保健房地产投资信托（REIT）领域所关心的问题，因为管理信用风险是卫生保健房地产投资信托（REIT）的主要目标。

鉴于目前的不确定性，从投资角度来看，指出该行业确实有许多积极的特点，是公平的。合并正以惊人的速度进行，它正在创造财务实力更强、规模更大的参与者。卫生保健服务的需求一般是无弹性的，因此，当人们需要医疗保健服务时，价格不会停止他们对服务的需求。此外，行业收入的一大部分来自政府项目，主要是医疗保险和医疗补助。这些项目基本上是低风险的，从信用的角度来看，他们倾向于向卫生保健提供者支付账单。

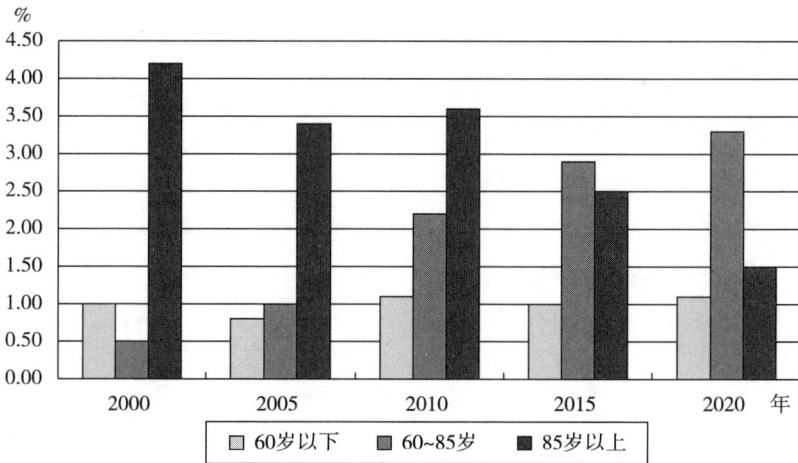

资料来源：美国人口普查局。

图 17-2 人口增长与老年人预期增长（2000~2020 年）

因为医疗保险和医疗补助计划提供商面临越来越多的复杂规则和要

求，所以在这些计划下开展业务的卫生保健提供者数量正在下降，使更大的运营商拥有更大的规模和能力来管理大型、复杂的计划。这些提供商往往具有相比于较小、较分散的提供商更高的信用概况。最后，老年人口的持续增长将需要更多的卫生保健服务，因而更多的物理设施来服务越来越多的老年人。

医疗保险和医疗补助经济学

> 医疗保险：美国政府计划提供给 65 岁以上的老年人和残疾青年，后者必须是领取社会保障伤残津贴至少 24 个月。截至 2003 年底，医疗保险为 4100 万美国人提供医疗保险。当"婴儿潮"一代完全入围时，入围人数预计在 2031 年时达到 7700 万人。医疗保险的部分资金是由工资或自营收入缴纳 2.9% 的税（1.45% 的税由工人缴纳，配套的 1.45% 税由雇主支付）。

两个联邦政府授权的项目提供了大约一半的医疗服务业收入。由联邦政府资助的医疗保险为所有 65 岁以上的美国人提供了长期护理以外的保健服务。由联邦和州政府共同资助的医疗补助计划为穷人提供医疗服务，为那些负担不起的人提供长期家庭护理。虽然官方为穷人指定，医疗补助计划支付了全国家庭护理的大部分费用，并继续为养老院的全国人口提供越来越多的支持。由于联邦政府和州政府以及医疗管理公司对成本的审查日益增多，医疗服务的交付已经从成本高的选项转向成本更低的选项。治疗较不复杂的情况已经从医院转到门诊或熟练的护理机构。即使是复杂的治疗，如心脏手术和相关的心脏护理，现在甚至在低成本的专业护理设施交付，如心脏诊所和门诊手术中心。此外，对老人的监护照顾已从护理院转移到辅助生活环境。在可行的情况下，护理甚至转移到被照顾的人的家庭环境中。医疗保健消费者往往更喜欢这些新的设置，因为它们比传统的设置更容易使用，而且他们更注重病人更好的结果。医疗服务业的竞争将由最优质服务的最低成本提供者赢得。卫生保健房地产投资信托基金（RE-ITs）意识到这一点，并投资于倾向是低成本供应商的行业板块。在许多方面，卫生保健房地产投资信托基金（REITs）向服务提供商提供资金。这些卫生保健服务提供商正在创造替代的、低成本的渠道，用非传统形式提供卫生保健服务。

医疗补助：由各州管理并由各州和联邦政府共同出资，为低收入和资源贫乏的个人和家庭提供医疗保险的计划。医疗补助是为收入有限的人提供医疗和健康相关服务的最大资金来源。在由医疗补助服务的人群中，低收入的父母、儿童、老年人和残疾人有资格领取。医疗补助支付了几乎所有养老院居民的 60%，约占美国所有出生人口的 37%。

房地产投资信托（REIT）承销和投资标准

对于卫生保健房地产投资信托基金（REITs），医疗服务提供者的信用质量是承保决策中的一个主要因素。此外，在分析保健房地产交易时，基础房地产的质量变得次要。即使它们的运行绩效不合格，良好的定位和功能特性也是有价值的。如果现有的经营者失败，一个高品质的物业往往可以转移给一个新的运营商，或使用性质可以改变为其他用途。任何位置不好或结构不充分的财产，都会给房地产所有者带来麻烦。

在确定房地产和经营者的信用质量时，卫生保健房地产投资信托（REIT）公司将房地产级别的现金流作为租赁或债务支付的主要比率。目标比率取决于几个因素，如运营商的信用质量，可能部分信用支持的融资方案和财产的位置；然而，典型的疗养院资产池的覆盖率通常是 1.5 ~ 1.9 倍的总租金，以现金流为基础，扣除运营商的管理费之前。

由于大多数医疗服务提供者的信用特征受到早期讨论的困难的经营环境的影响，卫生保健房地产投资信托基金（REITs）已经发展了若干财产级别的策略，或者在销售/售后回租或贷款抵押，来帮助保护他们的投资组合策略。这不是不平常的事：保健房地产投资信托（REIT）公司将单一承租人的租赁或抵押捆绑成统一的投资组合，并防止承租人在合同续订或到期时"挑选"最佳租赁或抵押。这种结构迫使承租人续订所有的租约，或者放弃续订租约，这使该决定成为医疗运营商的单一决定。房地产投资信托基金（REITs）也有交互不履行的租赁安排。

对非投资性信贷，房地产投资信托基金（REITs）往往需要现金存款或信用证，以支付三到六个月的租赁或抵押贷款。此外，房地产投资信托基金（REITs）通常保留批准承租人或借款人的任何变更的权力，包括因合并、收购或分拆而发生的变更。这些信贷保护措施有助于卫生保健房地产投资信托基金（REITs）管理信贷损失，减少给定医疗保健投资组合中租赁展期或抵押贷款到期的负面影响。此外，这些措施经常为卫生保健房地产投资信托（REIT）提供机会，重新审订与卫生保健经营者签订的协议条款与条件。该经营者可能参与合并或收购，并与更高质量的信贷提供者发生联系。

卫生保健资金提供者的竞争日益加剧

从历史上看，卫生保健房地产投资信托基金（REITs）的成功部分是因为他们有能力向可能被其他资本提供者忽略的卫生保健经营者提供融资。目前，卫生保健房地产投资信托基金（REITs）面临来自各种非房地产投资信托（non－REIT）资本来源的日益激烈的竞争。金融公司、抵押公司、商业银行、保险投资组合、养老基金和投资银行业发起的机会基金，都积极参与卫生保健房地产融资。这些非房地产投资信托（non－REIT）投资者和贷方正在寻求比其他更传统的房地产投资行业以更高的资本成本利差，为卫生保健行业的有吸引力的元素提供融资。

关于在整个行业中徘徊的医疗改革立法的不确定性似乎正在逐渐消退。现有卫生保健提供商之间持续整合，最终成立了更有信誉的卫生保健经营公司。在过去五年中，25家辅助生活或养老院提供商已经首次公开发行，继续为行业板块增添合法性，并为这些运营商创造规模更大、融资条件更好的资金池。当您将这些因素结合许多卫生保健提供者所在部门的改善和盈利，来自更多传统来源的持续的可获得的资本将会增加而不是减少。

尽管房地产投资信托基金（REITs）一直在卫生保健房地产部门面临其他资本供应商（如商业银行和投资银行公司）的竞争，但是，竞争对手的新来源有可能使卫生保健房地产投资信托基金（REITs）更加困难。一个新的竞争对手是现有的房地产投资信托基金（REITs），正在多元化融资到卫生保健资产领域。这些房地产投资信托基金（REITs），希望通过进入似乎是较高利润的卫生保健专业融资领域，来提高其增长率和总资本回报率。此外，正在脱离房地产资产的卫生保健经营者，也成为卫生保健房地产融资领域的竞争对手。这些运营商创建一个经营子公司来拥有和管理卫生保健财产，并通常通过拥有、运营和融资其他非关联卫生保健经营者的卫生保健财产来扩大业务。传统卫生保健房地产投资信托基金（REITs）的这两个新的竞争来源可能比主流的商业银行和投资公司带来更多的问题，这些商业银行和投资公司往往以更受限的资本配置标准运营。主流卫生保健房地产投资信托基金（REITs）还有其他竞争对手的事实表明，未来资本毛利润率可能会继续下滑。

卫生保健房地产投资信托基金（REITs）提供一种通常不能从其他资金来源获得的融资。卫生保健房地产投资信托（REIT）的融资一般是长期性的，初期期限为 10～15 年，延续期限为另一个 10～20 年。卫生保健房地产投资信托基金（REITs）提供一系列交易结构，从常规抵押贷款和出售/回租开始，并扩展到房地产投资信托（REIT）混合融资结构，如参与抵押贷款和直接融资租赁。

卫生保健房地产投资信托基金（REITs）也提供很高的杠杆比率，这通常不会通过更传统的房地产贷款人获得。出售/回租通常为95%～100%的价值，因此房地产经营者的股权要求很低。抵押贷款通常大于商业银行的典型贷款价值比所要求的贷款金额，对常规抵押贷款的杠杆率为90%～95%并不是不常见。历史上，卫生保健房地产投资信托基金（REITs）与关键行业参与者建立了良好的工作关系。他们比其他可能竞争投资的金融机构更加了解卫生保健提供者的业务模式的弱点。这使得卫生保健房地产投资信托（REIT）机构比传统的金融来源更具有持续的竞争优势，这并不容易被外部金融提供者所克服。

物理财产特征

卫生保健房地产投资信托基金（REITs）为各种类型的卫生保健财产提供资金。每个财产类别在医疗服务行业内构成一个独立的组织，尽管一些常见的分析主题是在各个细分市场之间进行的，但每个部门都需要进行自己的分析，以评估房地产投资信托（REIT）投资信贷的影响。以下是对卫生保健房地产投资信托基金（REITs）涉及的主要财产类别的评论。

长期护理疗养院

养老院通常被业界称为熟练的护理设施，占卫生保健产业的房地产投资信托基金（REITs）总投资的约一半。长期护理设施是一个非常稳定的房地产行业，使其对卫生保健房地产投资者有吸引力。

养老院为老年人提供长期的持续护理，老人需要经常的医疗监督和护理。该行业包括大约210万套技术护理床，每个养老院平均120张床左右。熟练的养老院与医院竞争长期治疗患者入院，并提供辅助生活设施来照顾可能不需要医疗监督的居民，但是协助进行日常生活活动。熟练护理的日常平均成本大约为每天118美元，熟练养老院的成本远低于急性病治疗医院，但比辅助生活设施昂贵。应该指出的是，针对偿付政策的变化，许多能力过剩的大型急性病医院将其现有的一些空间重新调整为亚急性病治疗中心。在这些医院，亚急性病治疗与平均养老院成本下的护理价格具有竞争力。因为病情较重的患者通过其他服务（如物理治疗和医药服务）本质上可以获得更高的收入来源，因此，养老院经营者偏好疾病较重的患者。

虽然过去10年，养老院行业经历了巨大的整合，但一半的养老院仍由单一设施经营者经营。另一半的行业由多设施运营商经营。四家最大的公共运营商拥有并控制了大约15%的行业床位。剩余的公共运营商大约占现有行业床位的20%。医疗补助费用占熟练养老院行业收入的一半以上。

高水平的政府资助对行业产生了混合效果。行业的利润率很小，税后平均为3%。因为州政府支付了大约一半的医疗补助金，他们试图将成本和报销水平尽可能地压低，同时为养老院经营者提供边际资本回报。合理有效的运营商，由于在州层面的以成本为基础的报销结构，在很大程度上保证了长期的生存。因此，在大多数州的资助计划中存在的基于平均成本的报销系统中，经济规模较大的养老院运营商能够更好地生存。尽管养老院行业历来一直试图通过各种游说和立法工作，以获得更高额度的报销，它已经失去了在保健报销领域继续激增背景下的成本控制方法。

养老院行业的供求形势一直吸引着参与的卫生保健房地产投资信托基金（REITs）的注意。在供应方面，护理床位的数量历来以每年约2.5%的速度增长。这种缓慢的增长速度反映了国家和地方政府企图通过限制新疗养院的开发和建设来减缓其医疗补助计划的报销费用。这个过程被称为"需求证书"过程，是各州在允许开发商创建增量疗养院床位的供应前所要求的。因此，许多州有效地限制了新的病床供应，因为它们要求现有设施的入住率非常高。在需求方面，85岁以上人口迅速增加，65～85岁的未来人数不断增加，应继续支持下一个5～15年的疗养院护理床位方面的需求。结果，全国养老院平均入住率一直保持在中高位即 80% 的范围内，这取决于时间段。

长期护理辅助生活设施

辅助生活设施占有卫生保健房地产投资信托基金（REITs）在卫生保健财产领域的投资额的大约三分之一。这是从七年前仅仅不到 5% 的水平发展来的。辅助生活产业的继续发展是一个以增长为导向的领域，为卫生保健型房地产投资信托基金（REITs）投资资本寻找新的投资场所。值得注意的是，该行业仍处于成长阶段，较之熟练的护理家庭部门不太成熟，监管也较少，但提供的增长率高于传统的熟练护理行业。

辅助生活项目照顾想要保持独立，但一个或多个日常生活活动（Activitiesof Daily Living，ADL）需要援助的老年人。这些 ADLs 可以采取洗浴，穿衣或协助移动的形式。辅助护理设施中的典型居民年龄约 83 岁，可以走动，但身体虚弱，往往需要高水平的辅助来完成日常工作。这些居民在进入熟练养老院环境或需要住院治疗可能导致不能返回设施之前，倾向于停留约三年。辅助生活设施的居民生活在一个温馨的公寓环境中，得到了工作人员的日常活动的协助。用餐由公共餐厅供应，其他活动的交通往往由设施的经营者提供。

该行业包括全国 4800 个设施中的大约 50 万张病床，虽然很难得到确切的数字，因为行业在很大程度上是不受管制的，辅助生活的定义涉及其他非传统老年住宅结构。典型的辅助生活设施有 70 个生活单位，共用餐饮和活动区等共同区域。

辅助生活平均每天花费在 70 ~ 80 美元，一般比养老院便宜。对于那些每周需要三次以上探望的病人，辅助生活也与家庭保健治疗一样有竞争力。由于进入门槛很低，辅助生活产业发展非常迅速。一个典型的设施可能花费 400 万 ~ 700 万美元建造和装备。

员工不需要任何认证或高水平的卫生保健技能，因此很容易找到。存在最低限度的监管，因为收入主要来自私人支付情况，而不是医疗补助。辅助生活行业仍然高度分散，前四名运营商控制的床位总数不到行业总床位数的 5% 。加上同时经营辅助生活设施的养老院运营商，所有上市公司约占总床位数的 16% 。

辅助生活经营者之间的持续整合将创造和实现规模经济和服务交付一致性，以及运营商间的一些品牌认同度。在许多方面，由于业界在很大程度上是无管制的，运营商正在关注消费者，消费者最终将对辅助生活保健作出决定。结果可能是，辅助生活设施可能将成为这样的行业：在某种程度上像酒店行业，规模和品牌都已经很好地建立起来了。

预计政府参与协助生活将继续增加。寻求减少医疗补助费用的州政府，开始将辅助生活看作是一种有吸引力的低成本替代养老院的替代方案。辅助生活设施提供的护理花费，通常是养老院护理费用的三分之二。假设只有 10% 的养老院患者最终可以转入辅助生活设施，一年节省的费用也可能是几十亿美元。

这不是不寻常的发现，医疗补助提供豁免，允许各州在疗养院外，专门为辅助生活使用长期的医疗补助资金。从私人支付到政府支付的过渡，已经在辅助生活设施部门进行，而且随着时间的推移，更高比例的收入可能从国家和联邦项目流向这一部门。辅助生活行业一直在积极游说各州和联邦政府接收这些资金。国家和联邦资金的不断增长将为该行业提供主要的增长动力。如果 10% 的疗养院病人最终迁移到辅助生活环境中，将使该行业目前的规模增加约 40%，并为今后提供持续水平的行业增长。

退休护理社区

退休护理社区（又称持续护理社区）约占卫生保健房地产投资信托（REIT）投资和卫生保健财产的 10%。这一领域值得分析，因为它与辅助生活或熟练护理部门有着不同的操作要求。在审查老年住房替代品的范围时，退休社区位于中间，老年住房排首位。老年住房是：在那里，成年人租房住在年龄限制的社区，很少或根本没有额外的服务。

退休社区提供基本的服务，如膳食、交通和家政服务，但也允许居民在一个相当独立的庄园里生活。因此，他们提供的服务比辅助生活少，但比年龄限制或成年社区的服务多。

退休护理行业由全国约 5500 个社区组成，其中许多是由于市场需求预期而在 20 世纪 80 年代建立的。根据人口统计细分资料，65 岁以上人口在 20 世纪 80 年代和 90 年代中期，将快速增长。当时，退休护理行业的需求预期基于此数据。但是，市场需求在很大程度上被高估了。因为居民典型地比最初预计的要老得多，基于需求预期为 65 ~ 75 岁年龄组的人建设的养老社区过剩了。现实是，退休社区居民的平均年龄为 82 岁或以上。

退休社区发现，老年人住房需求在一定程度上比较疲软。许多老年人并不认为退休社区是一个理想的居住环境。大多数住在退休社区的老年人，也可以在家里独立生活。因此，许多老年人不愿意离开自己的家，只有日常活动中的必要援助无法获取时，他们才会这样做。这往往使老年人需要住入辅助生活设施或熟练养老院，基本上都避开了退休社区。那些搬到养老院的老年人，通常将这作为一种生活方式选择。从社会和经济的角度来看，这种氛围比维持他们独自的居所更有益。

由于退休社区护理比长期护理需求更有弹性，难以量化可接受的投资回报水平。因此，对退休护理社区的选择性投资可能会提供可以接受的回报，但是，房地产投资信托基金（REITs）总体上不愿意投资于这一部门。许多退休护理社区已经将自己变成了综合护理退休社区。这些社区将退休护理、辅助生活和护理设施全部集成在一个建筑物中，或单独的校园环境中。目标是提供一个环境，老年人在整个老年阶段都可以居住在这里。全国约有 2200 个综合护理退休社区。这些社区的经济风险，通常要求它们更像是保险产品而不是房地产产品。综合护理退休社区提供大量预付款或捐赠，以换取对社民余生的持续照顾的保证。因此，这些社区通常受到计划在此度过余生的具有较高财务收入的老年人的青睐。这些社区的私人付费性质更稳定，对卫生保健房地产投资者来说，这些投资机会不吸引人。

急诊医院

急诊医院占卫生保健房地产投资信托基金（REITs）投资的 10% 左右。近年来，卫生保健房地产投资信托基金（REITs）一般集中于成为低成本提供者，而不是急诊医院。这主要是因为医疗保险、医疗补助和护理管理公司已经将急诊医院作为降低成本的一部分。

急诊医院为整体人口提供医疗和外科护理。急诊医院行业全国包括约 5300 家医院，约有 87.5 万张病床。所有卫生保健服务支出的三分之一，是在急诊医院花费的。急诊医院护理费用很高，平均每天约为 1200 美元。这使急诊护理行业成为削减成本的主要目标之一。

急诊医院出现了这样一个趋势，更短的住宿时间，更低的入住率。结果，住院服务的收入基本持平，或与过去五年的消费者价格指数相一致。相比之下，门诊收入每年以 10% ~ 12% 的速度增长，因为急诊医院已经对提供更具成本效益的服务的要求做出响应，将许多急诊医疗过程移至门诊。

急诊医院行业有些分散，但不像其他卫生保健行业那样分散。公立的急诊医院占所有急诊医院病床的 14%，十个急诊医院占所有病床的 15% 左右。虽然上市的营利性医院公司占医院病床的比例很高，但是行业的大多数包括隶属于宗教和世俗组织的非营利医院。营利性和非营利性医院正在进行整合，因为医院行业经济规模经常节省大量成本。

由于经济趋势影响急诊医院，卫生保健房地产投资信托基金（REITs）一直没有积极性投资于这个部门。由于成本高昂的结构，医院仍然是试图提供成本较低的交付系统的竞争者的目标。即使在外科和重症监护等领域，其他供应商也可以提供成本更低、更为集中的业务，如门诊手术或专科护理医院。这些事实，往往使医疗保健房地产投资信托基金（REITs）对投资于急诊医院大多不感兴趣。

康复医院

康复医院约占卫生保健房地产投资信托（REIT）投资的 8%。这些投资起源于 20 世纪 80 年代，当时康复医院被视为急诊医院的低成本替代方案。然而，在 90 年代，康复医院受到一定程度的审查。

康复医院提供治疗，以纠正因工作或运动伤害或意外事故而导致的身体和认知障碍。该行业包括大约 200 个设施，大约有 18000 张床位。康复医院的竞争对手是门诊治疗中心和位于急诊医院的住院康复中心。

与医疗保险的前瞻性支付制度相比，康复医院通常接受医疗保险成本补偿制度。前瞻性支付制度是适用于急诊医院的固定收费制度。管理护理计划一直在给康复医院施加压力，通过签订某些程序的大型连续服务板块合同来降低成本。与其他高度分散的卫生保健服务业不同，康复保健服务部门有几个主要的参与者。房地产投资信托基金（REITs）不大可能在康复医院领域进行任何新的投资，因为高成本护理部分受到许多与急诊医院一样的管理压力。

精神病医院

精神病医院占卫生保健房地产投资信托基金（REITs）资产的 3% 左右。精神科医院为行为障碍、吸毒成瘾和酗酒的人提供住院治疗。该行业包括约 340 个设施，床位 34000 张。精神病医院设施与门诊治疗计划和急诊医院致力于同样服务的部门进行竞争。行业产能过剩使运营商数量减少，四家运营商目前约占总床位的 60%。入住率低，运营商不断报告来自管理医疗计划的定价压力。

医疗大楼/医生诊所

医疗办公楼平均约占卫生保健房地产投资信托基金（REITs）资产的 9%。医疗办公大楼包含医生办公室和诊断服务提供商的建筑。这些建筑有两种。有些大楼位于或邻近急诊医院，完全出租给医院，医院反过来又以较低的价格租用空间给个别医生，激励医生在建筑物内找到他们的业务。在这种情况下，医疗办公楼实际上是医院医疗保健系统的一部分。因此，对这类医疗办公楼的投资完全取决于医院经营者的信用实力。

在另一种情况下，医疗办公楼直接出租给医生和小团体行医，以多租户为基础。这些医疗办公楼可能位于医院附近，也可能位于社区内。在这两种情况下，由于独立医生承租人的信用质量较低，从投资角度来看，这些建筑物承担了较高的风险水平。此外，这些类型的建筑物租赁周转更快，可能有更高水平的经常性资本支出。管理型医疗也使许多医生和小团体降低了利润率，甚至与更大的管理服务提供商联系在一起，因而得出填满了个体医生租户的医疗办公楼的信用质量在下降的命题。

医生诊所是租用给一位医生的诊所，而不是几个单独的团体诊所。这些做法可能是长期的地方或区域商业企业，也可能是全国医师执业管理公司的新附属机构。承租人的信用质量普遍优于独立执业。附属医院设施通常与医院相邻，是指不仅包含医生办公室，而且还包括门诊手术、医疗实验室或康复服务等额外服务的医疗办公楼。这些设施也容纳医院行政部门或医院药房，但通常租给医院的经营者，甚至也可以租给一个第三方投资者，第三方投资者反过来把空间租给医院和医生。

投资质量取决于承租人或转租承租人的信用实力，以及邻近医院的长期稳定性。从医院到偏远地区有越来越多的附属医院设施。这些设施的目的是在不同的市场提供一系列的医疗服务，同时借靠医院系统的品牌识别或区域优势。这是最典型的出租给投资者管理者，投资者反过来将空间租给医院。

由于这些医疗办公楼和附属医院设施是医院卫生保健系统的组成部分，因此，房地产投资信托基金（REITs）有可能继续选择性地增加其对这一部分的风险敞口。一般来说，医疗办公楼的风险高于其他卫生保健设施，但医疗办公楼的总回报率往往高于其他卫生保健房地产部门的总回报率。

卫生保健 REITs 的预期回报率

与其他积极管理房地产的房地产投资信托基金（REITs）不同，卫生保健房地产投资信托基金（REITs）在特定医疗保健资产的初始投资时，产生结构性收益率。管理卫生保健房地产投资信托（REIT）几乎没有能力比初始结构的交易创造更多的内部增长。在过去，支付升级最常见的安排是营业收入超过基准水平的百分比，这通常导致内部增长率为 3%～6%。百分比收益率升级通常包括一个上限，使得超过某一临界点后，医疗保健房地产投资信托（REIT）将参与较低水平的租金增长（通常为 1%～2%）。最近的交易结构是固定增长率为 2%～3%，在整个融资过程中保持不变。这是由房地产投资信托基金（REITs）之间的竞争驱动的，以及卫生保健房地产投资信托基金（REITs）获得更可预测的现金流的愿望。在整个卫生保健房地产领域，卫生保健房地产投资信托基金（REITs）的无杠杆内部增长率预计应该在 2%～3%。结果，卫生保健房地产投资信托基金（REITs）越来越多地关注外部项目，以帮助刺激增长。

外部增长

鉴于内部增长速度放缓，卫生保健房地产投资信托基金（REITs）正在寻求更多的外部增长项目，为股东提供附加值。几个关键管理因素决定了卫生保健房地产投资信托基金（REITs）的能力：通过外部增长项目创造风险调整后的高回报。卫生保健部门的管理知识，对于将外部增长维持在合理的风险水平上非常重要。另一个因素是管理层从资本市场获取低成本资本的能力。此外，在评估卫生保健房地产投资信托（REIT）运营商时，管理一个给定新项目的风险暴露水平的管理能力很重要。最后一个因素是管理层在审查卫生保健房地产投资信托（REIT）的外部增长前景时，评估医疗服务提供者信用质量的能力。

卫生保健房地产所有权和经营业务的分散性表明，卫生保健房地产投资信托基金（REITs）将有充足的机会在未来对正在整合的卫生保健行业投资。随着医疗保健房地产投资信托基金（REITs）规模增大，外部争夺这些融资的竞争日趋激烈，医疗保健房地产投资信托基金（REITs）在传统的长期护理领域的外部增长也变得越来越困难。这加剧了这一趋势，医疗保健房地产投资信托基金（REITs）将日益转向多样化的机会，如医疗办公楼或专业护理设施中增长较快的部分医疗保健领域，以通过较高的外部增长率为股东创造附加价值。应该指出的是，这些做法往往具有较高的风险水平，既有金融风险，也有市场风险。

汇总数据

像酒店房地产投资信托基金（REITs）一样，卫生保健房地产投资信托基金（REITs）往往有大幅上涨或下跌的价格走势。然而，与酒店业不同的是，医疗保健部门成功地提供了良好的增量回报。在过去五年中，卫生保健房地产投资信托基金（REITs）的回报率平均为 32.5%（见表 17-1），按投资回报率标准差衡量的行业波动率为 37.7%，仅次于酒店 REITs。卫生保健交付系统的政治前景和当地人口的统计数字推动了这一部门的业绩。

表 17-1　卫生保健型房地产投资信托基金（REITs）的历史
数据（截至 2005 年 12 月）

年份	2005	2004	2003	2002	2001	2000	1999	1998	1997
A 组									
行业总回报率（%）	1.8	21.0	53.6	-3.1	43.2	25.8	-24.8	-17.5	15.8
股息收益率（%）	6.5	6.2	7.6	7.8	6.8	15.9	7.1	6.2	8.2
估计的净资产变化率（%）		114	123	112	104	91	72	108	132

续表

年份	2005	2004	2003	2002	2001	2000	1999	1998	1997
B 组									
部门市值（十亿美元）	15.12								
指数权重（%）	4.9								
所有其他部门（%）	95.1								
波动性（%）	37.7								
5 年期回报率（%）	32.5								

数据来源：Uniplan，Inc.

记忆要点

- 卫生保健房地产投资信托基金（REITs）占全国房地产投资信托协会权益指数的约 5%。
- 卫生保健房地产投资信托基金（REITs）通常是房地产投资信托（REIT）一个被忽视的部门。
- 卫生保健占美国国内生产总值的 13%。
- 卫生保健房地产投资信托基金（REITs）在复杂的监管环境中运作。
- 美国人口老龄化应该推动卫生保健行业的持续增长。
- 卫生保健房地产投资信托基金（REITs）提供参与较少风险的卫生保健服务业发展的机会。
- 一半的卫生保健房地产投资信托（REIT）投资用在养老院。
- 一半的卫生保健房地产投资信托（REIT）投资用在医疗办公楼、医院和诊所。

第十八章　自助储存房地产投资
信托基金（REITs）

只有在美国，人们才会租一个地方来存放装满他们不记得的东西的盒子。（雅科夫·斯米尔诺夫，1998）

据自助储存（Self–Storage）行业协会统计，全国共有 58000 个自助储存地点，共有 850 万个自助储存单元。自助储存房地产投资信托基金（REITs）约占国家房地产投资信托基金（NAREIT）股权指数的资本化率的 4%（见图 18 – 1）。自助储存行业有四家上市的房地产投资信托基金（REITs），总市值超过 60 亿美元。

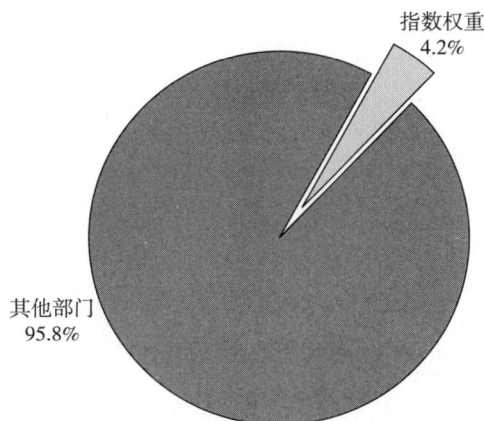

资料来源：Uniplan，Inc.

图 18 – 1　自助储存房地产投资信托基金（REITs）
作为 NAREIT 权益指数的百分比

自助储存部门

被称为自助储存的房地产部门与制造型房屋社区相似。从一开始，自助储存似乎比房地产市场的其他部分无趣得多，动态性也要小得多。然而，一旦达到经济入住，自助储存中心就会成为一个非常稳定的和一贯的赚钱机会。美国自储产业的起源可以追溯到 20 世纪 50 年代末，当时在西南部建造了许多自储设施。这些设施的目标客户是要求经常搬迁的军事人员。自那时以来，自助储存空间的需求一直受到美国消费者积累大量物质商品的普遍驱动。此外，美国人口流动性的增加，以及公寓和公寓住宅单元的增多，创造了容易存取消费品的需求。

自助储存运营一般位于高能见度交叉路口和主要城市地区的高流量交通走廊上。在自助储存业的早期，这些综合体旨在帮助从空置土地中创造收入来源。其目的是用自助储存单位填补空置的房地产，创造租金收入流。这个想法是在一定时期内创造收入，然后把房地产开发成更高更好的用途。有趣的是，土地所有者发现，在很长一段时间内，自助储存投资资本的回报往往与其他房地产投资活动的回报相比非常有竞争力。这不仅导致了新的自助储存财产的扩散，也导致了旧的常常是过时的多层建筑物的转换，变成了自助储存设施。

一个自助储存物业的实际市场区域，通常是半径五到七英里的区域。由于自助储存设施的市场性质有限，在选择自助储存场所时必须高度谨慎。自助储存运营商试图定位在高能见度道路上，以便访问小型企业和高密度住宅区。这允许自助储存运营商瞄准设施的两类主要用户。住宅用户通常占储存单元用户的三分之二到四分之三，而储存单元用户的四分之一到三分之一往往是小企业客户。

自助存储单元通常是车库结构的大型连续单元，每个租户都有独立的车库门。自存客户租用自用的全封闭存储单元。这些单位的尺寸范围从 5×5 平方英尺到 20×20 平方英尺，大小变化。大部分自助储存设施均由围栏封闭，并有现场管理。通过数字控制的安全门，一天 24 个小时，每天七个小时，允许租户使用安全代码系统进出。访问单个单元由单元承租人控制通过使用挂锁或由承租人提供的密码锁。

自助储存单元的租户表示，寻找自助存储单元时的首要考虑是位置要位于自助存储用户附近。物业提供的保安往往是第二个最重要的因素，其次是方便性和合适出租空间的可获得性。租金水平不是大多数市场自助储存用户列出的五大因素中的一个。与其他财产类型相比，这种相对较低的租金敏感性往往转化为每平方英尺高租金收入。

自助储存业务是一个高度分散的行业，具有许多不同的质量水平和许多不同类型的所有者/运营商。绝大多数自营业务由个人拥有和经营。据估计，房地产投资信托基金（REITs）拥有大约12%的自助储存单元。其他估计显示，有48%的单元由个人拥有和经营。其余40%由小企业、有限合伙企业和房地产经营公司所有并经营。房地产投资信托基金（REITs）外的其他机构投资者拥有的自助储存单元不到2%。由于进入自助储存业务的障碍较小，以及开始自营存货业务的资金要求不高，房地产业内部的竞争相当激烈。行业形象使得大多数传统机构房地产投资者不再参与其中。进入门槛较低使行业相对分散。

自助储存行业发展趋势

在过去的五年里，自助储存行业逐渐向各个市场建立气候控制单元。气候控制空间为租户提供了租赁存储空间的选择，其中自助储存运营商将保证恒定的温度和湿度。这有助于存储更高价值的物品。对气候控制空间的需求始于美国东南部，那里的需求量是最高的，并已遍布全国各地。目前，气候控制的空间约占可用存储空间的3%，但增长速度比常规的自存储空间快得多。

自助储存行业一直在与制造型住房行业的许多相同的问题相抗争。主要关注的是自助储存作为长期房地产选择的信用能力。随着自助储存行业的普及，一般消费者市场已经越来越熟悉这个行业。在一些地区，熟悉程度导致消费者接受程度高于其他地区。同样，美国南部的自储地区，也是消费者自助储存意识最高的地区。

新的自助储存设施强调美学和建筑设计，试图融入他们所服务的社区的性质。园林绿化也成为开发新的自助储存设施的首要考虑因素。此外，自助储存的发展也与计划中的办公室、工业和零售公园相结合，作为总体设计概念的一部分，将办公空间、工业空间与储存相结合。

汇总数据

自助储存部门的性质使其表现为工业和住宅房地产的混合。建筑物的物理性质与工业房地产很相似。

租赁架构通常是一年一度的，与住宅部门相似。过去五年来，自助储存的房地产投资信托（REIT）平均年收益率为 27.7%（见表 18 – 1）。该行业以投资回报标准差衡量的波动性为 27.8%，一个投资回报率超过工业房地产的稳定的行业。自助储存的需求和行业的表现将随着总体经济增长而上升或下降。

表 18 – 1　　自助储存型房地产投资信托基金（REITs）的
历史数据（截至 2005 年 12 月）

年份	2005	2004	2003	2002	2001	2000	1999	1998	1997
A 组									
行业总回报率（%）	26.6	29.7	38.1	0.6	43.2	14.7	−8.0	−7.2	15.8
股息收益率（%）	3.6	4.8	7.1	5.7	6.8	8.2	6.0	3.7	8.2
估计的净资产变化率（%）	139	131	136	108	114	78	79	108	132
B 组									
部门市值（十亿美元）	14.45								
指数权重（%）	4.7								
所有其他部门（%）	95.3								
波动性（%）	27.8								
5 年期回报率（%）	27.7								

资料来源：Uniplan, Inc.

记住要点

- 美国所有自助储存设施的总价值估计为 60 亿美元。
- 房地产投资信托基金（REITs）大约拥有所有储存单元的 12%。
- 自助储存房地产投资信托基金（REITs）占全国房地产投资信托协会权益指数的 4%。

- 自助储存需求是由居住在较小住宅里更多流动人口所驱动的。
- 位置和交通便利性是本地自助储存消费者认为最重要的特征。
- 自助储存房地产投资信托基金（REITs）的回报稳定，高于许多其他房地产投资信托（REIT）部门。

第十九章 其他房地产投资信托基金（REITs）部门

山上的大房子周围都是泥棚，已经失去了令人敬畏的魅力。（温德尔·威尔基，1940）

有一组选定的房地产投资信托基金（REITs）包含在房地产投资信托协会（NAREIT）指数的其他部门。这些房地产投资信托基金，约占 NA-REIT 指数的 13%，可分为三类：

1. 专业的房地产投资信托基金（Specialty REITs）。
2. 多元化的房地产投资信托基金（Diversified REITs）。
3. 抵押型房地产投资信托基金（Mortgage REITs）。

专业房地产投资信托基金（REITs）

专业的房地产投资信托基金（REITs）代表了大约 3% 的 NAREIT 股票指数（见图 19-1）。专业房地产投资信托（REIT）部门包括八个公开上市的房地产投资信托基金（REITs）。

专业房地产投资信托（REIT）从事各种活动，所有这些都是与房地产相关的，但比其他房地产投资信托（REIT）类别更加高度集中。例如，木材生产物业所有权在指数的专业部门中有代表。电影院、高尔夫球场、监狱、加油站和汽车经销店的所有权和运营，以及用于无线通信的屋顶出租，是其他专业房地产投资信托（REIT）部门。

专业房地产投资信托（REIT）部门存在经营问题。因为这些房地产投资信托基金（REITs）被认为是非主流，在其经营目标非常集中，专业房地产投资信托基金（REITs）往往被认为是更多的主流房地产机会的补充。专业类别通常反映了房地产相关的可能会在更广泛的经济范围生效的趋势。

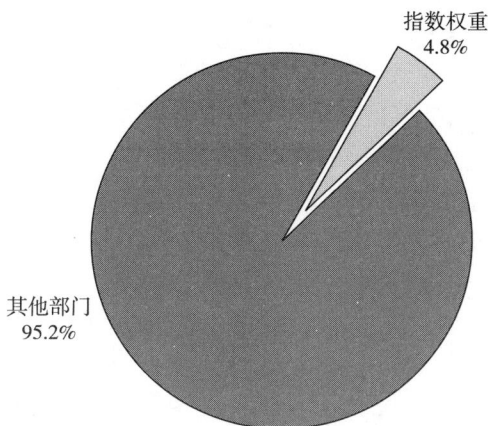

指数权重
4.8%

其他部门
95.2%

资料来源: Uniplan, Inc.

图 19-1 特许房地产投资信托基金（REITs）占 NAREIT 股权指数的百分比

90 年代初，对房地产投资信托基金（REITs）的期望最高的是高尔夫房地产投资信托基金（REITs）。共有三个公开上市的高尔夫球场 REITs。高尔夫球场行业有许多特点，使得它吸引了专业的房地产投资信托（REIT）部门。它显示了积极的人口和增长趋势。1982～1995 年，高尔夫球手的数量由 1600 万人增加到 3200 万人，增加了 100%。在同一时期，美国高尔夫球场的轮数增加了约 40%。尽管高尔夫球手的数量和高尔夫球轮数都在急剧增长，但高尔夫球场的数量仅增长了约 10%。从 20 世纪 90 年代中期以来，形势扭转了。高尔夫球场继续被开发，但高尔夫球手的数量则相对持平。供求方程已经达到平衡状态。预计人口趋势，如"婴儿潮"一代退休，将继续推动高尔夫的需求。

表 19-1 提供了专业型房地产投资信托基金（REITs）的历史数据。

表 19-1 专业型房地产投资信托基金（REITs）的历史数据（截至 2005 年 12 月）

年份	2005	2004	2003	2002	2001	2000	1999	1998	1997
A 组									
行业总回报率（%）	10.4	26.9	38.6	-5.4	7.6	-31.6	-25.7	-24.3	15.8
股息收益率（%）	5.3	6.2	7.0	5.5	9.8	3.1	6.7	4.4	8.2
估计的净资产变化率（%）	107	110	98	88	89	68	71	96	132

续表

年份	2005	2004	2003	2002	2001	2000	1999	1998	1997
B 组									
部门市值（十亿美元）	14.49								
指数权重（%）	4.8								
所有其他部门（%）	95.2								
波动性（%）	20.3								
5 年期回报率（%）	19.5								

资料来源：Uniplan，Inc.

多元化的房地产投资信托基金（REITs）

多元化的房地产投资信托基金（REITs）是拥有多种房地产类型的投资组合。这些房地产投资信托基金（REITs），市值占 NAREIT 指数的8.6%（见图 19-2），通常集中在一个特定的地理区域，拥有那个地理区域内财产的多元化的投资组合。多样化背后的想法是从一个特定的角度着眼于一个特定的房地产市场，并了解和理解该市场内所有房地产活动的动态。这将导致运营一个在特定的地理市场多元化的房地产投资信托（REIT）投资组合，以获得相对于其他房地产投资信托基金（REITs）的市场知识优势，或者相对于可能没有聚焦在该地区的其他房地产投资者的市场知识优势。

只有一些更大的多元化房地产投资信托基金（REITs），它们在特定地理区域内的大小和规模使他们很有趣。规模较小的多元化房地产投资信托基金（REITs）规模太小，无法在华尔街创造任何重大利益。他们很可能是被合并的候选人；然而，因为他们保持多元化的投资组合，专注于特定的房地产部门的房地产投资信托基金（REITs）可能没有兴趣收购他们。在多元化的房地产投资信托基金（REITs）之间的趋势是，实际聚焦于某一特定地理区域内的特定物业部门，从那些非核心物业类型回收投资资本投向核心财产。例如，在特定地理区域内拥有社区购物中心和公寓楼的房地产投资信托基金（REITs），可能会决定出售其公寓资产，并将这些回收资金投资到社区购物中心，以便集中于房地产投资信托（REIT）的投资活动。

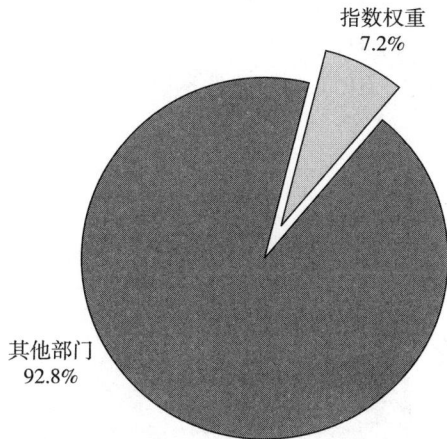

资料来源：全国房地产投资信托协会；Uniplan, Inc.。

图 19 - 2　多元化房地产投资信托基金（REITs）占 NAREIT 股权指数的百分比

　　从历史上看，许多房地产投资信托基金（REITs）开始作为一个集中在一个地理区域的单一的财产类别的投资组合。这些单一类别的房地产投资信托基金（REITs）最终被吸收到，重点在其他地区的同样的单一房地产的较大的房地产投资信托基金（REITs）。这样做的结果是建立了跨区域的布局全国的房地产投资信托基金（REITs）。表 19 - 2 提供了多样化房地产投资信托基金（REITs）的历史数据。

抵押型房地产投资信托基金（REITs）

　　抵押型房地产投资信托（REIT）：从事于创造或拥有贷款债权和以房地产作为抵押担保获得的其他债务。

　　抵押型房地产投资信托基金（REITs）占 NAREIT 指数的 3%（见图 19 - 3）。在 20 世纪 60 年代末和 70 年代初期，抵押型房地产投资信托基金（REITs）主导了房地产投资信托（REIT）行业。本质上，抵押型房地产投资信托基金（REITs）取代了商业银行，作为房地产开发商的主要贷款来源。许多按揭房地产投资信托（REIT）是银行控股公司的附属公司。当时业内的笑话是，如果你不能通过银行的前门获得建筑融资，你可以通过旁门进入，并与银行的房地产投资信托（REIT）谈论同样的建筑融资，通常你会得到它。如在第二章提到，按揭房地产投资信托（REIT）时代在1973年和1974年的经济衰退中结束了一个糟糕的结局，当时较高的利率和抵押房地产投资信托（REIT）行业普遍违约。违约是由于开发商无法获得永久融资造成。

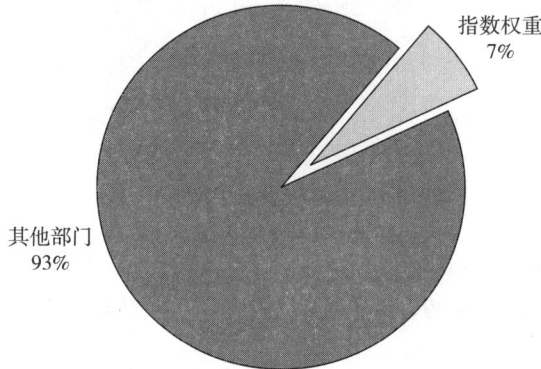

资料来源：Uniplan，Inc.

图19–3　抵押贷款房地产投资信托基金（REITs）占NAREIT股权指数的百分比

今天的按揭房地产投资信托基金（REITs）与20世纪60年代和70年代的房地产投资信托基金（REITs）有很大的不同。人们争论说，可能会有比房地产投资信托基金（REITs）更有效的抵押贷款投资工具。然而，抵押贷款信托基金（REITs）已发展成为融资特定细分领域的工具。

按揭房地产投资信托基金（REITs）可能来自收益型商业房地产抵押贷款（Loans on Income–Producing Commercial Real Estate），创造商业物业抵押贷款银团或资产池，或源于打包转售单户住宅抵押贷款。一般来说，按揭房地产投资信托基金（REITs）往往专攻所谓的不合格贷款。这些住宅或商业地产抵押贷款，不符合将其打包成在抵押贷款证券市场出售的抵押贷款支持证券的标准。不合格贷款通常是在贷款机构的贷款组合中进行的，因为贷款机构没有机会打包和转售抵押贷款。因此，许多主流贷款机构不做不合格抵押贷款。

表 19 - 2　　　　多元化型房地产投资信托基金（REITs）的
历史数据（截至 2005 年 12 月）

年份	2005	2004	2003	2002	2001	2000	1999	1998	1997
A 组									
行业总回报率（%）	9.9	32.4	40.3	1.5	8.6	24.1	-14.4	-22.1	15.8
股息收益率（%）	5.2	9.8	11.2	5.4	7.5	8.9	9.3	3.9	8.2
估计的净资产变化率（%）	106	119	96	84	88	92	84	112	132
B 组									
部门市值（十亿美元）	24.30								
指数权重（%）	7.2								
所有其他部门（%）	82.8								
波动性（%）	26.5								
5 年期回报率（%）	25.0								

数据来源：Uniplan, Inc.

目前按揭房地产投资信托基金（REITs）的重点远比早期房地产投资信托（REIT）时代的按揭房地产投资信托基金（REITs）更为保守。按揭房地产投资信托基金（REITs）主要关注的是借款人的质量和抵押担保的房地产的价值。发明并创造了抵押贷款的房地产投资信托基金（REITs），建立定义他们所承销抵押贷款的风险水平的承销指南和标准。可接受的借款人信用标准和抵押品价值，在不同抵押房地产投资信托基金之间差别很大。一些投资者试图管理抵押贷款组合的风险，通过要求政府或私人提供抵押贷款保险。

政府按揭保险计划起源于经济大萧条时期，是联邦政府努力刺激国内经济的一部分。这种抵押贷款保险是通过称作联邦住房管理局（FHA）的联邦机构进行的。自经济大萧条以来，通过帮助创造一个活跃的标准化的市场，在此交易抵押贷款证券和工具，联邦住房管理局已经对抵押贷款行业施加了积极影响。这使得贷款机构能够将抵押贷款打包出售到资本市场，从而回收资本，并为房地产投资活动提供更多资金。

私人按揭保险也可通过大量私人按揭保险公司获得。私人按揭保险公司倾向于提供抵押贷款市场不同部分的产品。相对于政府抵押贷款保险，私人抵押保险通常是首选，因为私人抵押贷款保险所需的条款和条件通常比政府抵押贷款保险计划灵活。较低的还款率和更高的债务股本比，常常使私人抵押贷款成为某些抵押贷款方案下的唯一选择。

通过将担保抵押贷款打包和出售到商业抵押贷款支持证券市场，一些按揭房地产投资信托基金（REITs）完成风险管理。在大多数情况下，房地产投资信托（REIT）负责打包抵押贷款，并与标准普尔或穆迪等债务评级机构协作，使抵押贷款池获得投资级债务评级。这一评级使抵押贷款资产池能够轻易地出售到商业抵押贷款市场。

为了促进抵押贷款市场的流动性，有几个准政府机构作为抵押贷款组合的购买者。联邦国民抵押贷款协会（Federal National Mortgage Association，FNMA），通常简称为房利美（Fannie Mae）；政府国民抵押贷款协会（Government National Mortgage Association，GNMA），通常称为金利美（Ginnie Mae）；联邦住房抵押贷款协会（Federal Home Loan Mortgage Association，FHLMA），俗称房地美（Freddre Mae）；以及私人保险公司、养老金计划和共同基金投资组合都是证券化的抵押贷款的潜在买家。

抵押投资组合的二级市场非常大。储蓄和贷款、商业银行家、抵押银行家和信用合作社都在一定程度上参与了商业抵押贷款支持市场。二级市场不仅发展了单一家庭抵押贷款，也发展了多户商业地产。房利美和房地美有项目将多户物业和商业物业型担保抵押贷款作为其整体投资组合策略的一部分。与特定抵押贷款相关的信用和担保风险称为具体风险。另外，还有与抵押贷款投资相关的市场风险。

市场风险主要是抵押贷款组合中的利率风险。按揭贷款价值与利率方向相反。因此，随着市场上利率在走高，抵押贷款组合价值下降，反之，当市场上利率下降时，抵押贷款组合贷款价值增加。因此，在分析住房抵押贷款房地产投资信托基金（REITs）时，必须认真考虑利率环境。

一些按揭房地产投资信托基金（REITs）专门从事可调利率抵押贷款（ARMs）。ARM是一种具有根据预定指数进行周期性调整的利率的抵押贷款。利率基于通常反映房地产投资信托（REIT）成本的指数。然后，该指数被标记或添加了一个差价以反映基础抵押贷款房地产投资信托（REIT）的利润率。ARM的指数可能是伦敦银行间同业拆借利率（LIBOR），这是商业银行收取的最优惠利率；政府债券收益率；或定期发布的任何数量的抵押贷款指数。

通常与指数相关的唯一因素是，它必须足够广泛，以免由贷款人控制，并且借款人和贷款人都必须很容易地验证。该指数用于设定贷款的基准利率，然后将代表贷款人利润的额外利润加到指数率上。指数率可以每月，每季度，半年或每年调整一次。称为帽子和项圈的功能可能适用于 ARM 贷款。限额在一段时间内限制利率上涨，并且限制了指定期间利率下降的程度。对于借款人和贷款人而言，上限和下限可以提供一定程度的确定性，就基础抵押贷款可以收取的最低和最高利率而言。通过使用具有上限和项圈的 ARM，可以在一定程度上保护抵押贷款组合的利率波动。

　　由于商业抵押支持证券市场的高度复杂性，贷款人可以通过使用衍生金融工具和/或利率互换来获得其投资组合的利率保护。这通常被称为利率保险，并可以在给定时间段内贴上抵押贷款组合，并以给定的保护水平为预定价格支付给保证保险的机构。虽然对抵押担保证券市场和衍生工具利率保护的完整分析超出了本书的范围，但是由 Clifford，W. Smith，Jr. 和 Charles W. Smithson（New 约克：Harper 和 Row，1990）合著的《金融工程手册》书中有充分的讨论。

　　试图减轻市场利率风险的另一种抵押贷款形式被称为参与抵押贷款。在这种类型的抵押贷款中，贷款人将在抵押贷款期限内参与房地产价值的增加，也可以在抵押期间参与物业增加的现金流量。这个想法是，在利率上升的环境中，通货膨胀的典型价值和现金流量正在上升。物业价值上涨和现金流量被视为抵押参与的一部分，从而减轻了利率上升对抵押权持有人的长期影响。如第八章所述，参与的抵押贷款是一种合作伙伴关系和合资补救办法，可以帮助促进房地产投资过程。

　　20 世纪 70 年代和 80 年代的通货膨胀时期，参与抵押贷款相当普遍。同期，房地产交易使用较高的杠杆水平。参与抵押贷款允许贷款人提供低于市场利率的利率，以促进抵押贷款和更高的房地产杠杆水平。较低的利率允许借款人以更高的杠杆水平获得利润，并为贷款人提供一定的保护，以防止利率上升。在 20 世纪 90 年代的较低利率环境下，抵押贷款的典型代价较低。

　　除了利率上升外，投资者和抵押组合也必须意识到利率环境下降的风险。降低利率往往会在抵押贷款市场上产生显著水平的再融资活动，导致高收益的抵押贷款工具以较低的利率进行再融资，以获取当前利率下降的环境。这导致将贷款收益返还给贷款人，然后必须将这些收益重新投资于较低的利率环境。

为处理抵押贷款市场的预付款情况，建立了抵押贷款义务。这些手段将一大批抵押贷款分成不同的付款。这些付款根据哪个转让拥有，以不同的时间间隔从预付款活动中收到本金的退货。因此，支票 1 的持有人将收到预付本金作为首要优先事项，然后预付款主体流向转账 2 等。这种将按揭贷款分配给分期付款的抵押贷款投资者对抵押贷款投资的最终成本范围有更高的确定性。

表 19 – 3 　　　　抵押型房地产投资信托基金（REITs）的
历史数据（截至 2005 年 12 月）

年份	2005	2004	2003	2002	2001	2000	1999	1998	1997
A 组									
行业总回报率（%）	−23.2	18.4	57.4	31.1	77.3	16.0	−33.7	−29.3	15.8
股息收益率（%）	8.7	10.0	18.9	14.9	28.7	12.6	7.1	4.8	8.2
估计的净资产变化率（%）	109.0	115.0	134.0	119.0	121.0	92.0	84.0	98.0	132.0
B 组									
部门市值（十亿美元）	23.96								
指数权重（%）	7.2								
所有其他部门（%）	82.8								
波动性（%）	47.8								
5 年期回报率（%）	19.5								

数据来源：Uniplan, Inc.

主要商业抵押贷款人设计了处理利率下降环境下的另一种方法。许多大型商业抵押贷款是在不可补偿的基础上创建的。因此，在商业抵押贷款市场中，贷款人可以以真实 IZE 超过给定时间内的按揭有一定固定回报强加在商业抵押贷款的限制条或预付处罚。表 19 – 3 列出了抵押房地产投资信托基金（REITs）的历史数据。

记忆要点

- 专业型、多元化型和抵押型房地产投资信托基金（REITs）构成了全国房地产投资信托协会指数的余额。
- 专业房地产投资信托基金（REITs）从事各种房地产相关活动，但比其他房地产投资信托基金（REITs）更为集中。

- 专业房地产投资信托部门过去存在运营问题。
- 专业房地产投资信托基金（REITs）占 NAREITs 权益指数的 3%。
- 木材房地产投资信托基金是专业型房地产投资信托基金（REITs）范围内规模最大、增长最快的原因。
- 专业型房地产投资信托基金（REITs）部门的回报比其他房地产投资信托（REIT）部门的回报更为波动。
- 多元化型房地产投资信托基金（REITs）拥有一个具有特定地理特点的不同性质的投资组合，通常市值较小。
- 按揭房地产投资信托基金（REITs）已发展成为房地产行业特定细分领域的融资工具。
- 按揭房地产投资信托基金（REITs）必须管理信用风险和利率风险。
- 按揭房地产投资信托基金（REITs）的回报是所有房地产投资信托基金（REITs）中最不稳定的。

词汇表

调整后运营资金（Adjusted Funds From Operations, AFFO）：是一种用来测量房地产公司的房地产业务所产生的现金流的计算方法。AFFO通常这样计算，从运营资金中减去正常的经常性支出。这些支出已经被REIT资本化进行摊销计算，是对"直线"租金的一个调整。

这种计算也被称作可分配的现金（Cash Available for Distribution, CAD），或者可分配的资金（Funds Available for Distribution, FAD）。

公寓和多户型物业（apartment and multifamily properties）：公寓建筑被定义为，在一栋建筑物或建筑物群中，由五个或更多单元组成的住宅。多户型物业则常用来描述四个或少于四个居住单元的建筑。

资本化率或资本回报率（capitalization rate or cap rate）：财产的资本化率或资本回报率是这样计算的，扣除费用以后的财产净运营收入除以购买价格。通常，更高的资本回报率意味着更高的回报和可能存在的更高的风险。

可分配的现金（Cash Available for Distribution, CAD），或可分配的资金（Funds Available for Distribution, FAD）：指房地产投资信托产生可向股东分配股息的现金的能力。

也需要从运营资金中扣除正常的与房地产相关的支出和其他的非现金科目，以获得调整后运营资金。CAD（或FAD）通常也是由减去非经常性支出得到的。

商业房地产（commercial real estate）：指排除单户居家、多达四个居户单元的多户型建筑、土地、农场和政府国有土地外的房地产。所述商业房地产的一半，其质量与规模引起了机构投资者的兴趣。这些房地产被称为投资级别的房地产。

相关系数（correlation coefficient）：显示两个或多个随机变量相互依赖性的统计度量方法。该数值表示一个变量中的变化，有多少是由另一个变量的变化来解释的。数值 1 表示每个变量完全相关，步调一致；数值 -1 表示每个变量完全负相关，彼此相对移动。

资本成本（cost of capital）：以房地产投资信托基金为例，是公司层面以股本、优先股或债务的形式筹集资本的成本。股权成本通常被认为包括股息率和以较高的股息或潜在的股价升值来衡量的预期的资本增长。债务资本的成本是所发生的债务的利息费用，加上获得债务的任何费用。

信用租户（credit tenant）：拥有一定的规模和金融实力，被三大主要信用评级机构穆迪、标准普尔和惠誉其中的一家，评为投资级别。投资级别的评级提高了即使在经济困难时期，公司的财务实力也能使其继续支付租金的可能性。

税息折旧及摊销前利润（Earnings Before Interest, Taxes, Depreciation and Amortization, EBITDA）：收益的这种测算方法有时称为营业毛利润率。

授权（entitlement）：是一种法律权利，由国家和地方房地产规划部门授予建造或开发一宗现有房地产，通常是未耕种的土地。从法律角度来说，授予开发财产的权利可能需要很长一段时间，而且代价高昂。但是，授权可以立即创造以前未授权的地产的直接价值。

股票市场资本化（equity market capitalization）：一个公司所有发行在外的普通股的市值。

房地产股权投资信托（equity REIT）：是指满足完全拥有或部分拥有所出租房地产的"股权"，并从租金收入中提取其大部分收入（而不是通过获取房地产抵押物来发放贷款）以这些属性的房地产投资信托。

外部性（externality）：对某些活动产生影响（或正或负）的活动或事件。

运营资金（Funds From Operations, FFO）：是最普遍接受和报告的衡量 REIT 经营业绩的指标。FFO 等于房地产投资信托的净收入减去房地产销售的收益或损失，并将房地产折旧加回。它近似于通常所说的企业会计中的现金流。但是，它是一个比 GAAP 收益更好的衡量经营业绩的方法。GAAP 的收益，可能包括（有时比例很大）非现金项目。进退两难的是，没有行业标准的方法计算 FFO，所以很难使用它对所有的房地产投资信托基金进行比较。

钉子户（holdouts）：当关键性的业主拒绝以任何价格出售，或者报价高得离谱，使得项目的财务可行性不可接受。

很快地并且安静地收集成片土地，避免钉子户是开发过程的一个关键部分。

混合型房地产投资信托（hybrid REIT）：是包含了房地产股权投资信托与房地产抵押债权投资信托两种投资策略的房地产投资信托。

杠杆（leverage）：债务的数量与股权资本或总资本的比值。

医疗补助计划（Medicaid）：由各州管理，但由各州和联邦政府共同资助，为低收入和资源的个人和家庭提供医疗保险。医疗补助是为收入有限的人提供医疗和健康相关服务的最大资金来源。由医疗补助服务的人群包括有资格领取低收入的父母、儿童、老年人和残疾人。医疗补助支付了几乎所有养老院居民的60%，约占美国所有出生人口的37%。

保健医疗制度（Medicare）：美国政府为65岁以上的老人和残疾青年提供了一个政府方案，后者必须从社会保障中领取至少24个月的残疾抚恤金。截至2003年底，该保健医疗制度覆盖了4100万名美国人。当"婴儿潮"一代人被完全纳入时，到2031年时，总人数预计达到7700万人。医疗保险的部分经费是由工资或自营收入的2.9%的税来提供的（从工人那里扣除1.45%，雇主支付匹配的1.45%）。

现代投资组合理论（Modern Portfolio Theory，MPT）：基于这样一种观点，当把股票、债券和房地产投资基金等不同的投资品种混合在一个投资组合中时，随着时间的推移，将提高回报，并降低风险。

按揭房地产投资信托（mortgage REIT）：是拥有由房地产作为抵押品的贷款和其他形式债权的房地产投资信托。

资产净值（net asset value，NAV）：一个公司资产的市场净值，减去所有负债和债务后，包括但不限于其财产。

正利差投资（Positive Spread Investing，PSI）：能够以大大低于房地产交易的初始回报的成本来筹集资金（股票和债务）的能力。

房地产投资信托（Real Estate Investment Trust，REIT）：是一家具有节税功能的公司，专门拥有、管理和经营产生收入型房地产，如公寓、购物中心、办公室和仓库。一些房地产投资信托基金（REITs），如房地产按揭投资信托基金，也为房地产提供资金融通。

1960年《房地产投资信托法案》（Real Estate Investment Trust Act of 1960）：一部授权房地产投资信托基金的法律。它的目的是允许小额投资者把他们的投资输入到房地产，以便获得与直接所有权相同的收益，分散风险，并获得专业管理。

房地产投资信托现代化法案（REIT Modernization Act，RMA）：1999 年联邦税法改变了其规定，允许房地产投资信托拥有高达 100% 的应税房地产投资信托附属公司的股票。附属公司可以为 REIT 租户和其他人提供服务。该法还将房地产投资信托的应纳税所得额的最低分配要求从95% 降至90%，符合房地产投资信托基金从 1960 年到 1980 年的规定。

证券化（securitization）：为类似但不相关的资产（通常是贷款或其他债务工具）池融资，向投资者发行证券的过程。这些证券代表了对资产池产生的现金流和其他经济利益的求偿权。

标准差（standard deviation）：度量一组数据的扩散程度。在投资界，标准差是最常使用的投资波动率的度量方法。较低的标准差有助于缓和投资组合风险，但也会降低投资回报。

直线法租金（straight – lining）：房地产公司，如房地产投资信托基金，将租金直线化处理，因为通用可接受会计准则（GAAP）要求这样做。直线法将租户租赁期内的租金平均化处理。

《1986 年税法改革案》（Tax Reform Act of 1986）：联邦法律通过允许房地产投资信托基金不仅拥有，而且经营和管理大多数类型的创收商业地产，大大改变了房地产投资环境。该法还停止了房地产避税规则。该规则吸引了基于房地产可能造成的损失数额的来自投资者的资金。

总市值（total market cap）：房地产投资信托基金（或其他公司）的未偿还普通股和负债的总市场价值。

总回报（total return）：股票股利收入，加上缴税和扣除佣金前的资本利得。

伞形合伙 REIT（Umbrella Partnership REIT，UPREIT）：一个复杂而有用的房地产结构，其中，一个现有的伙伴关系的伙伴和新成立的房地产投资信托基金，成为新的合作伙伴，称为经营合伙。在经营伙伴关系中，为了各自的利益，合伙人提供财产（或居住单元），房地产投资信托基金提供其公开发行的现金收益。房地产投资信托基金通常是经营合伙单位的普通合伙人，并且是多数财产所有者。经过一段时间（通常是一年），合作伙伴可以获得房地产投资信托基金股东相同的流动性，通过使持有的居住单元换成现金或房地产投资信托基金股份（由房地产投资信托基金或运营伙伴选择）。这个转换可能会导致合作伙伴在 UPREIT 形成中的税收递延问题。居住单元持有人可以持有财产一段时间，从而将该税额递延。此外，当合伙人持有该居住单元直至死亡时，遗产税规则使得受益人可以在不缴纳所得税的情况下，将居住单元换成现金或房地产投资信托基金的股份。